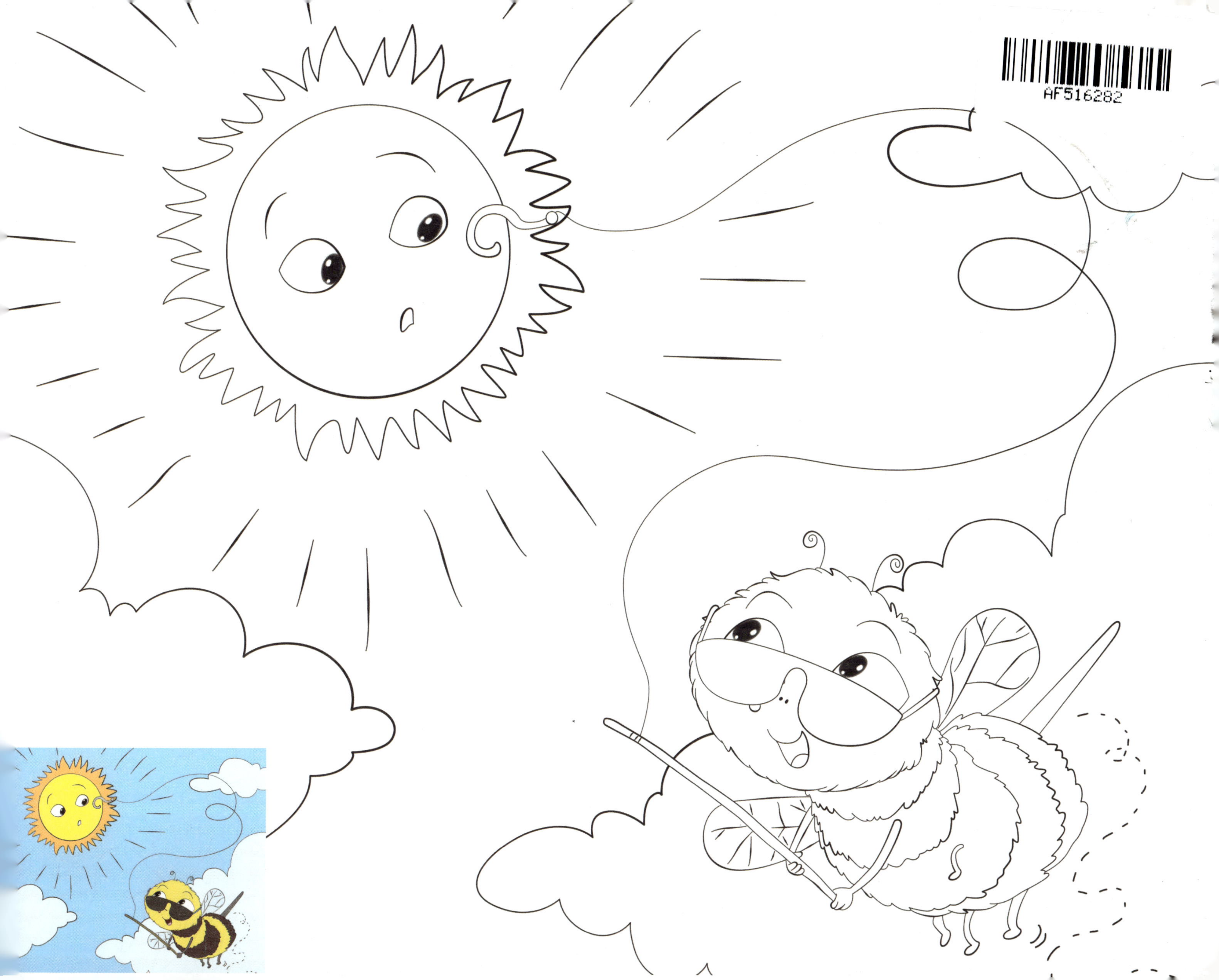

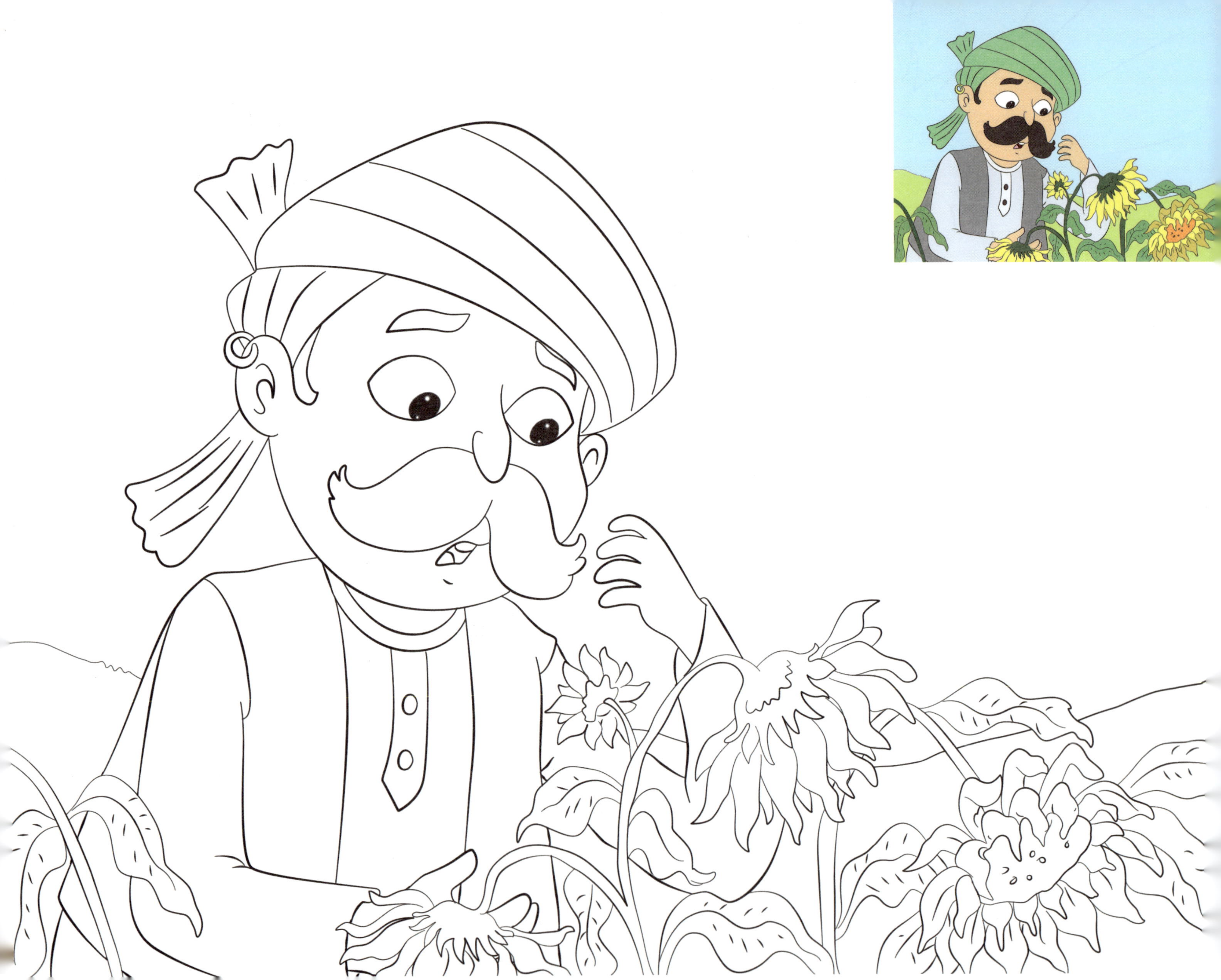

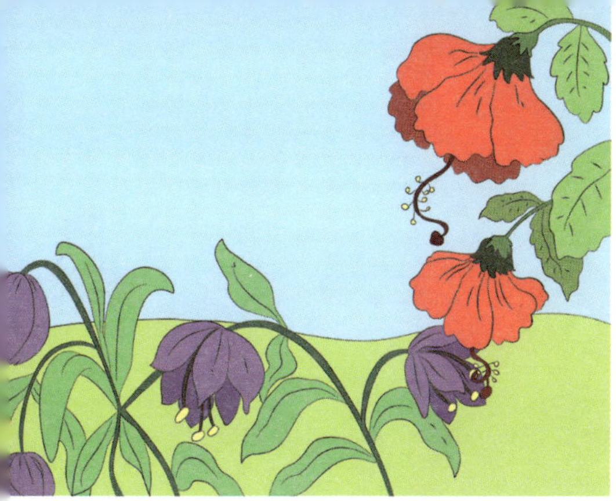

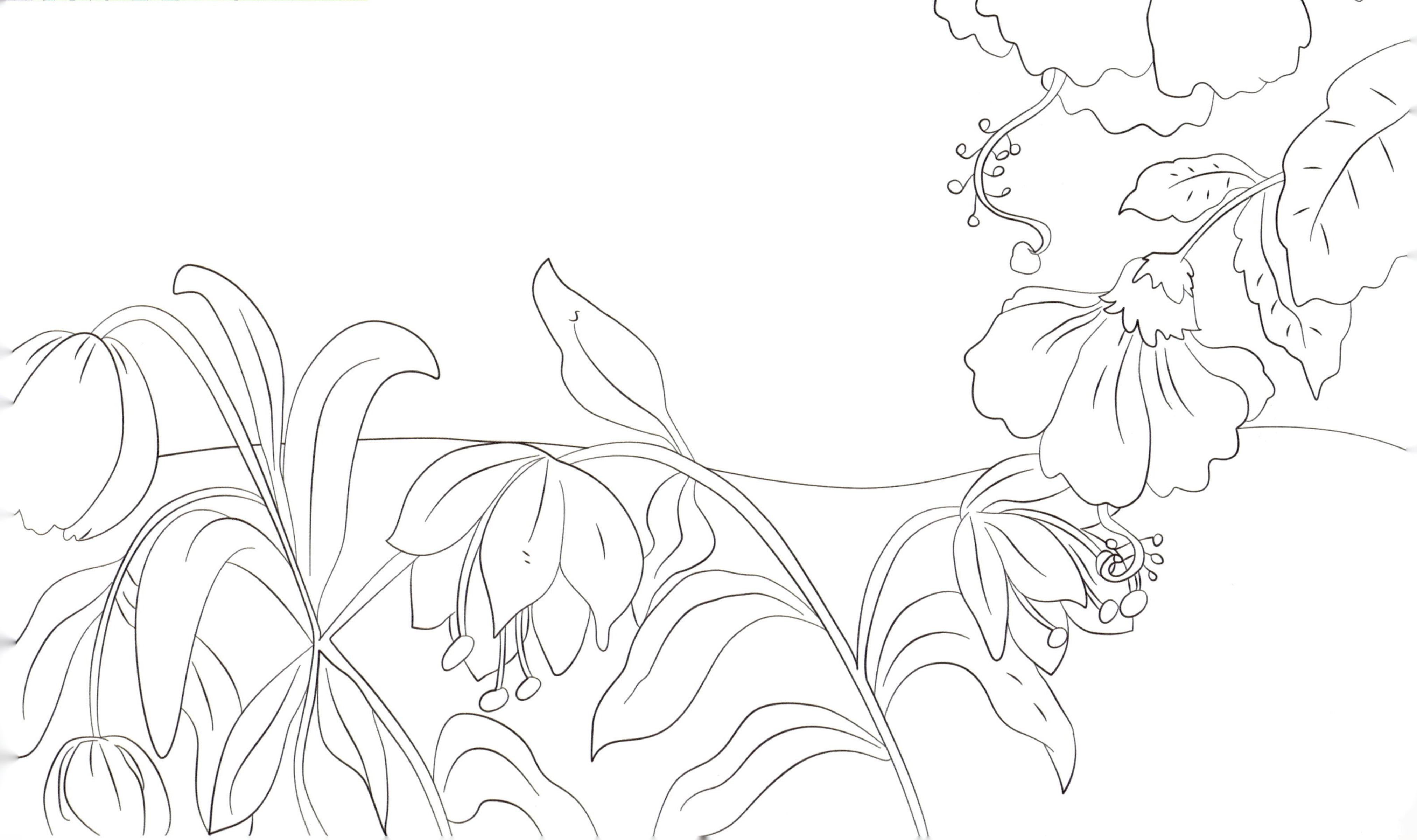

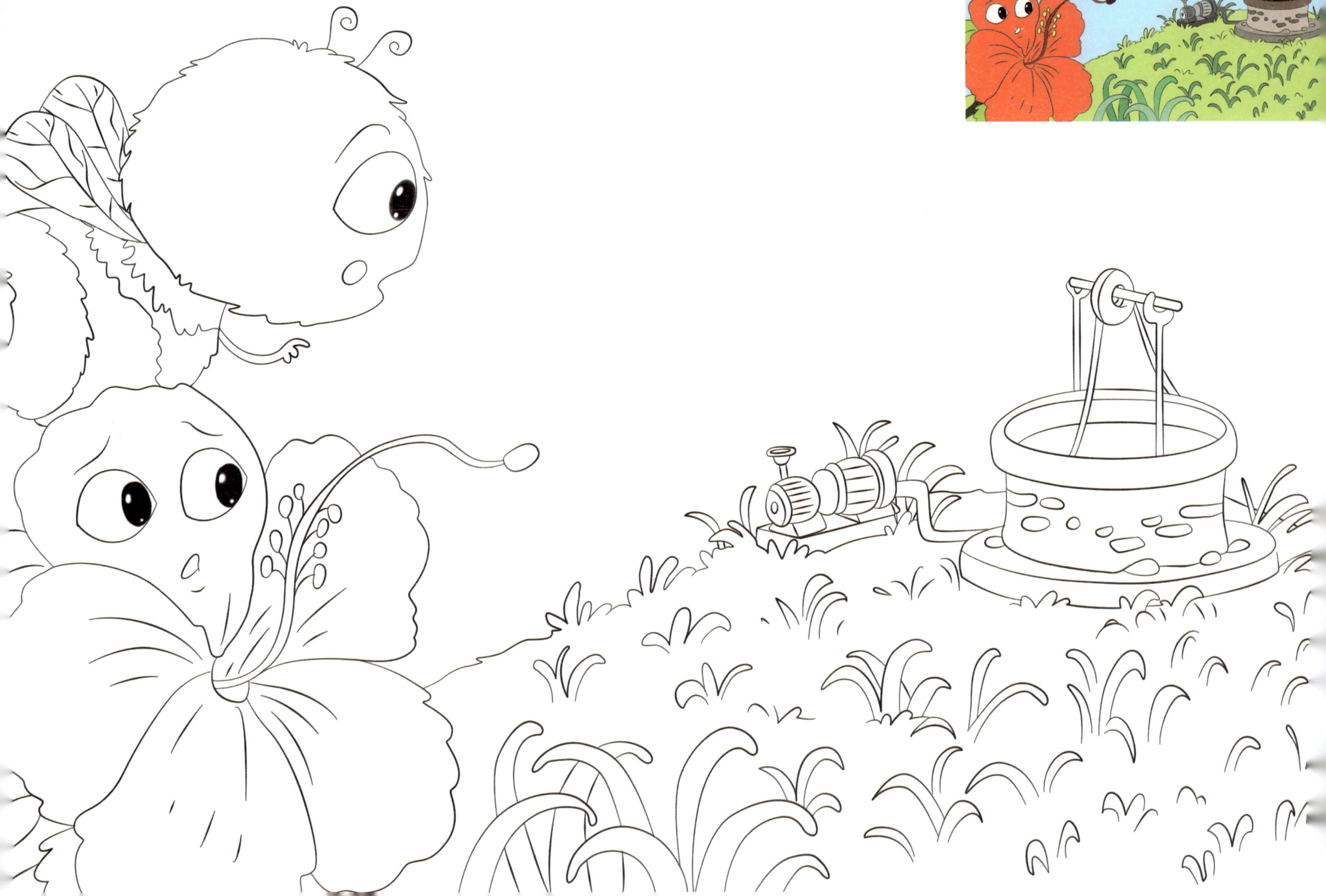

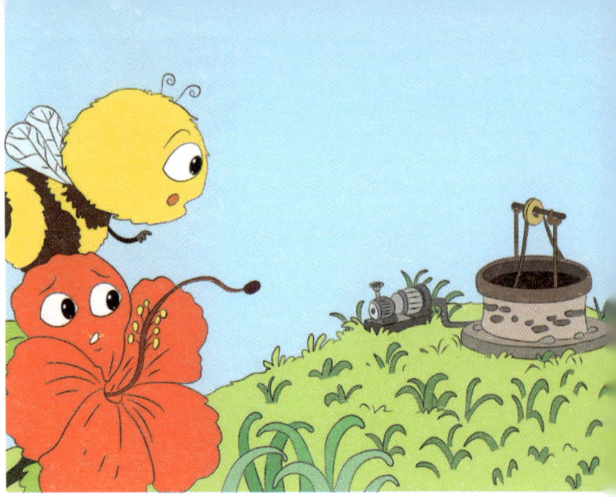

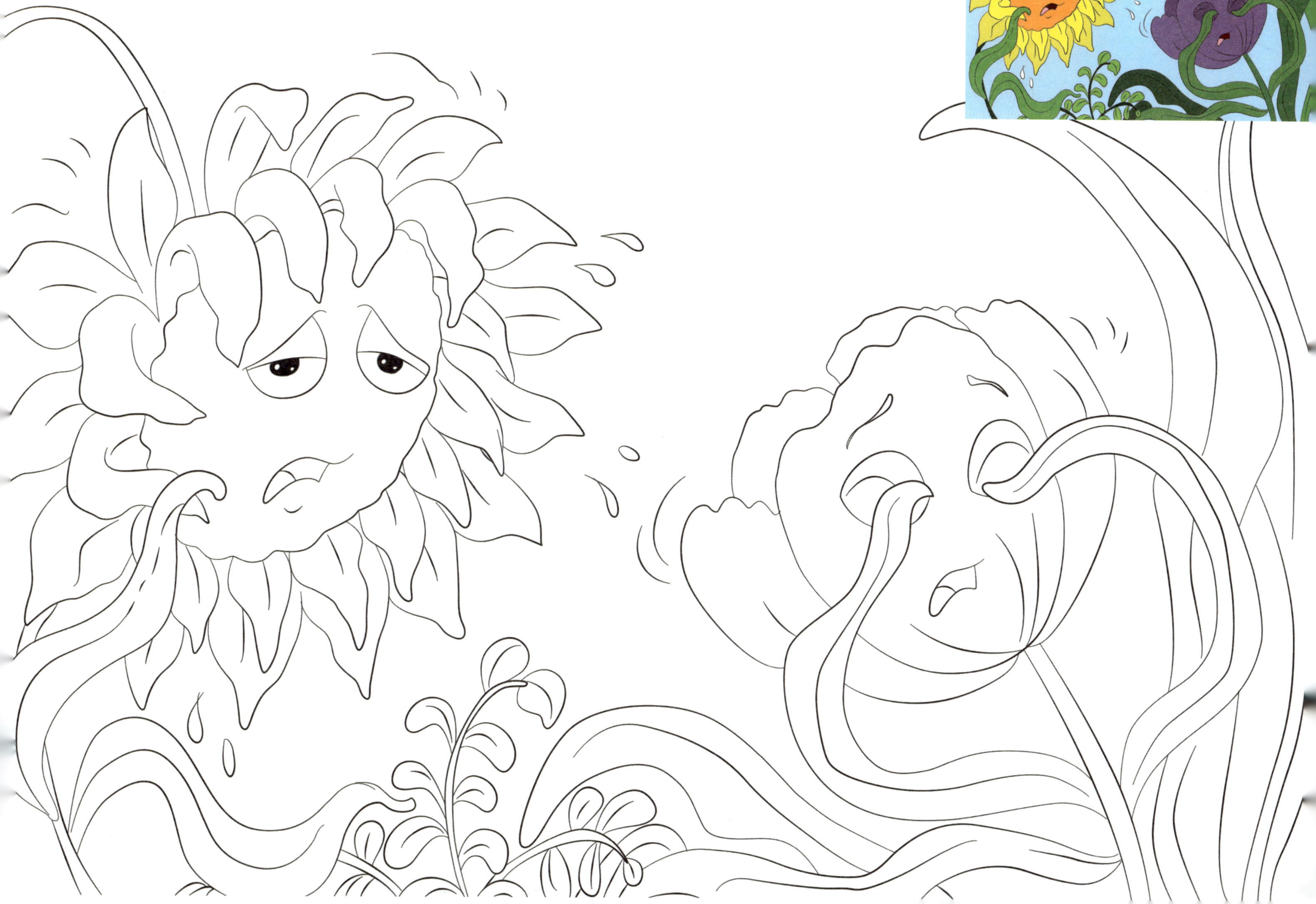

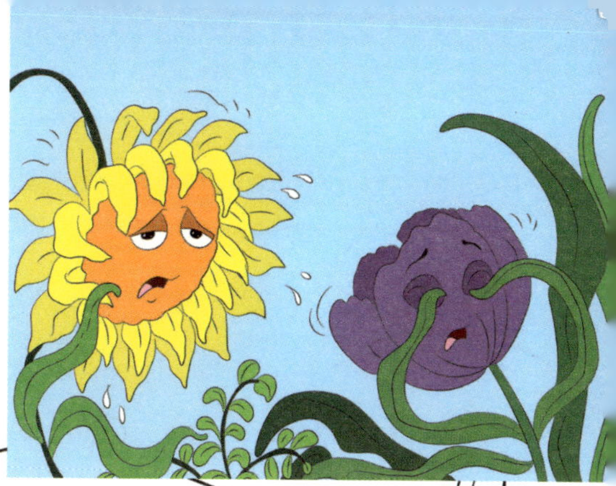

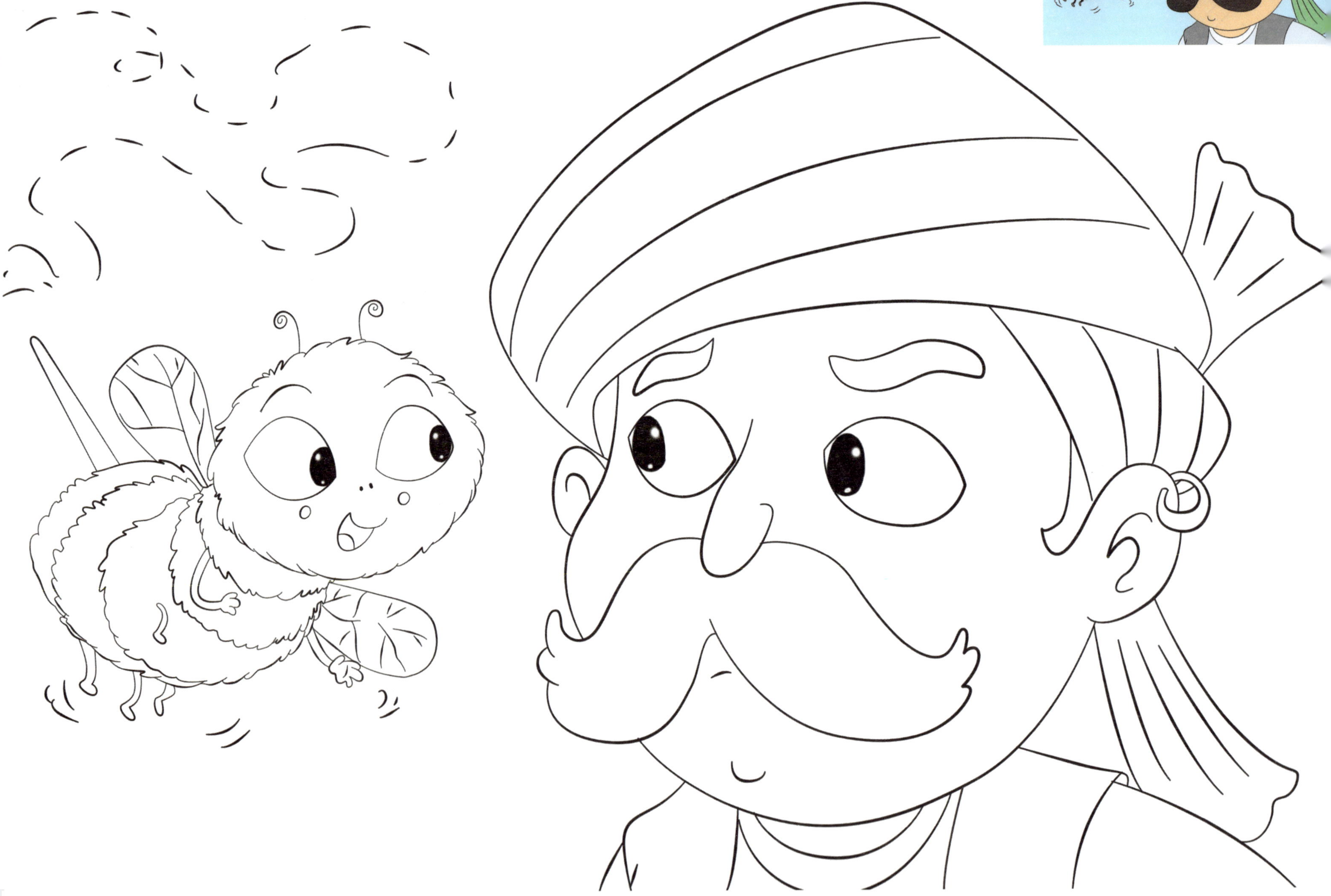

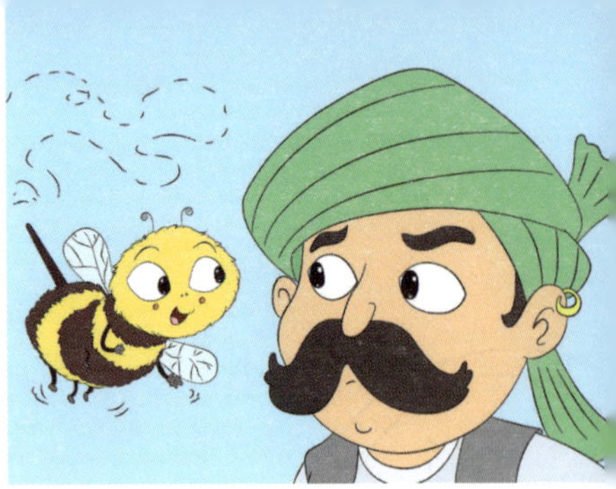

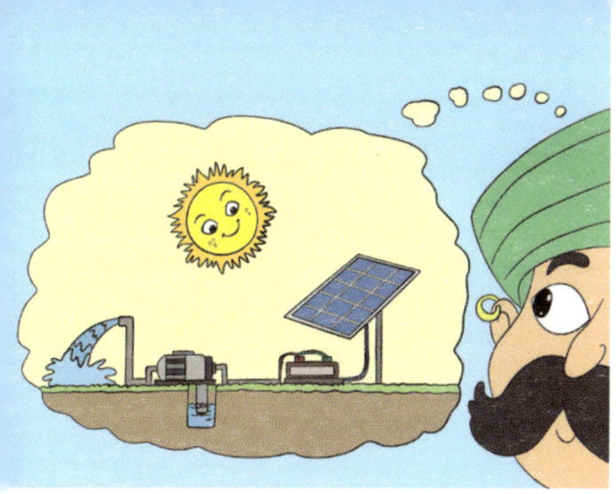

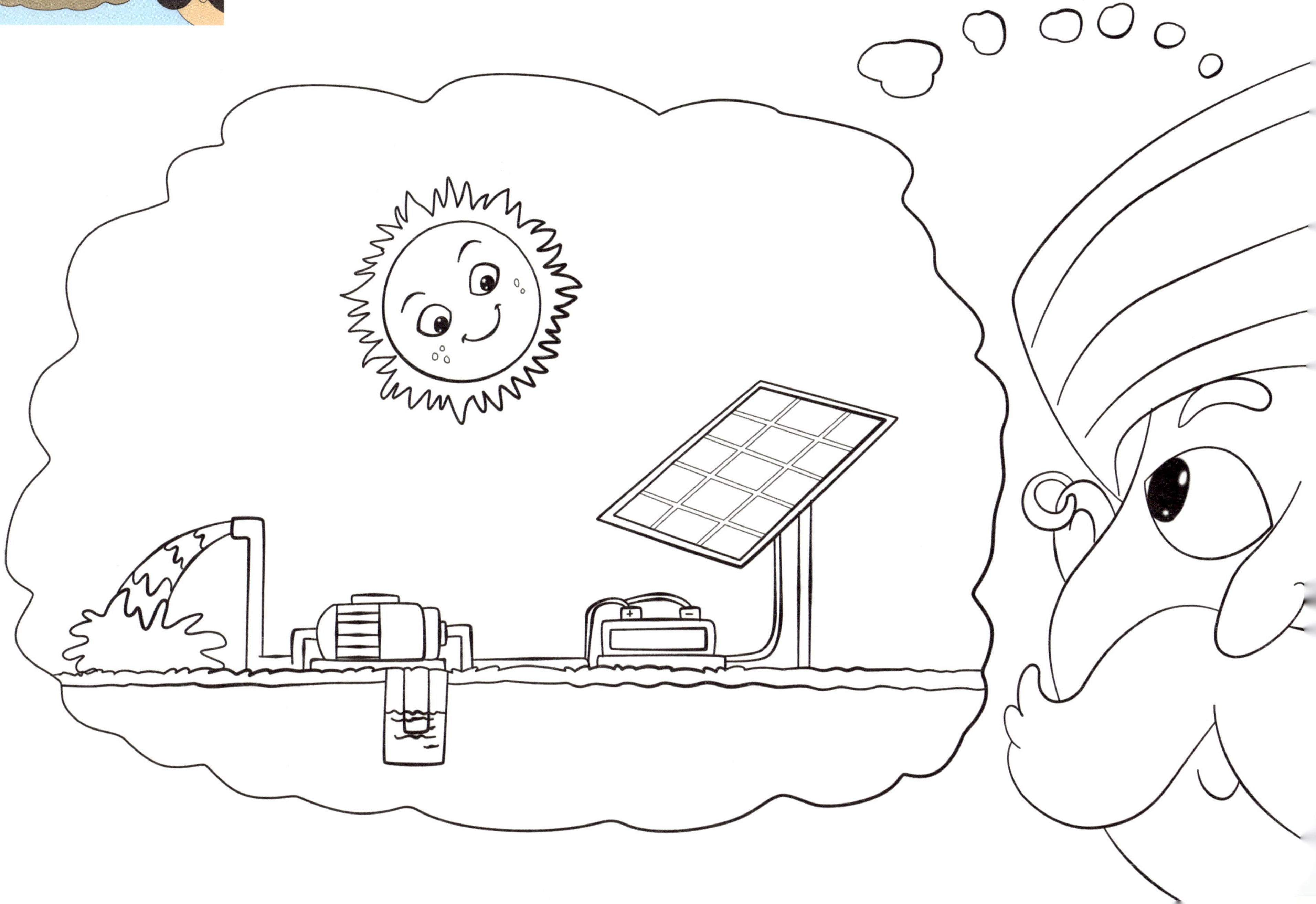

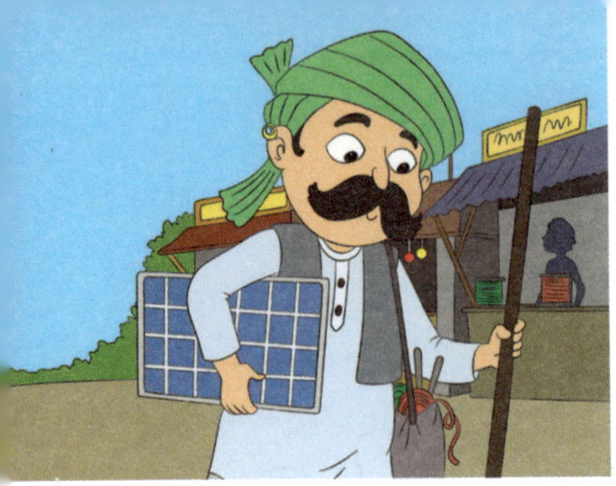

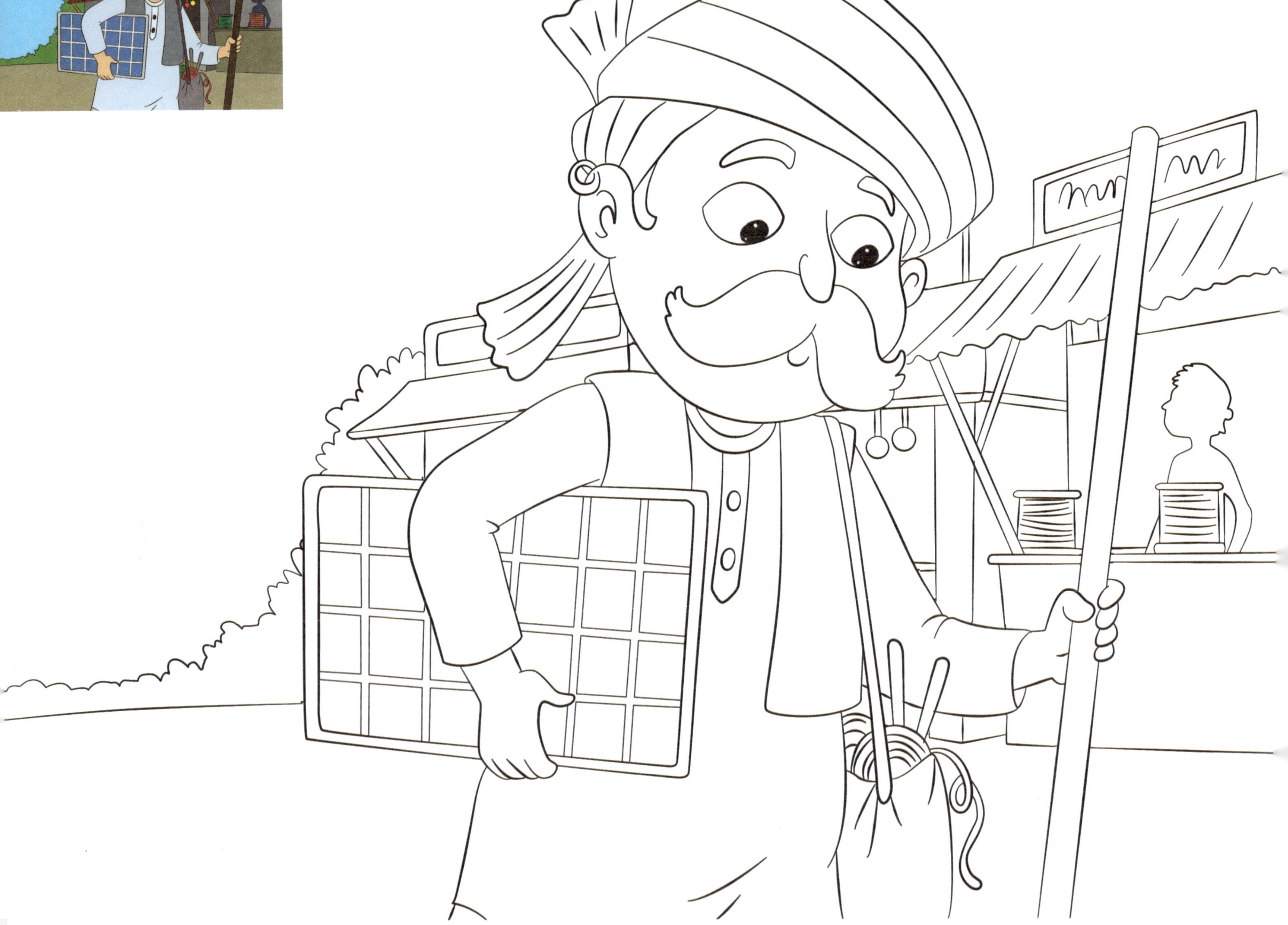

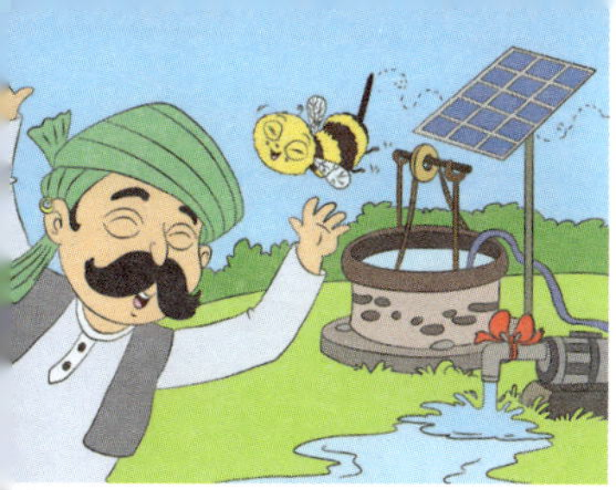

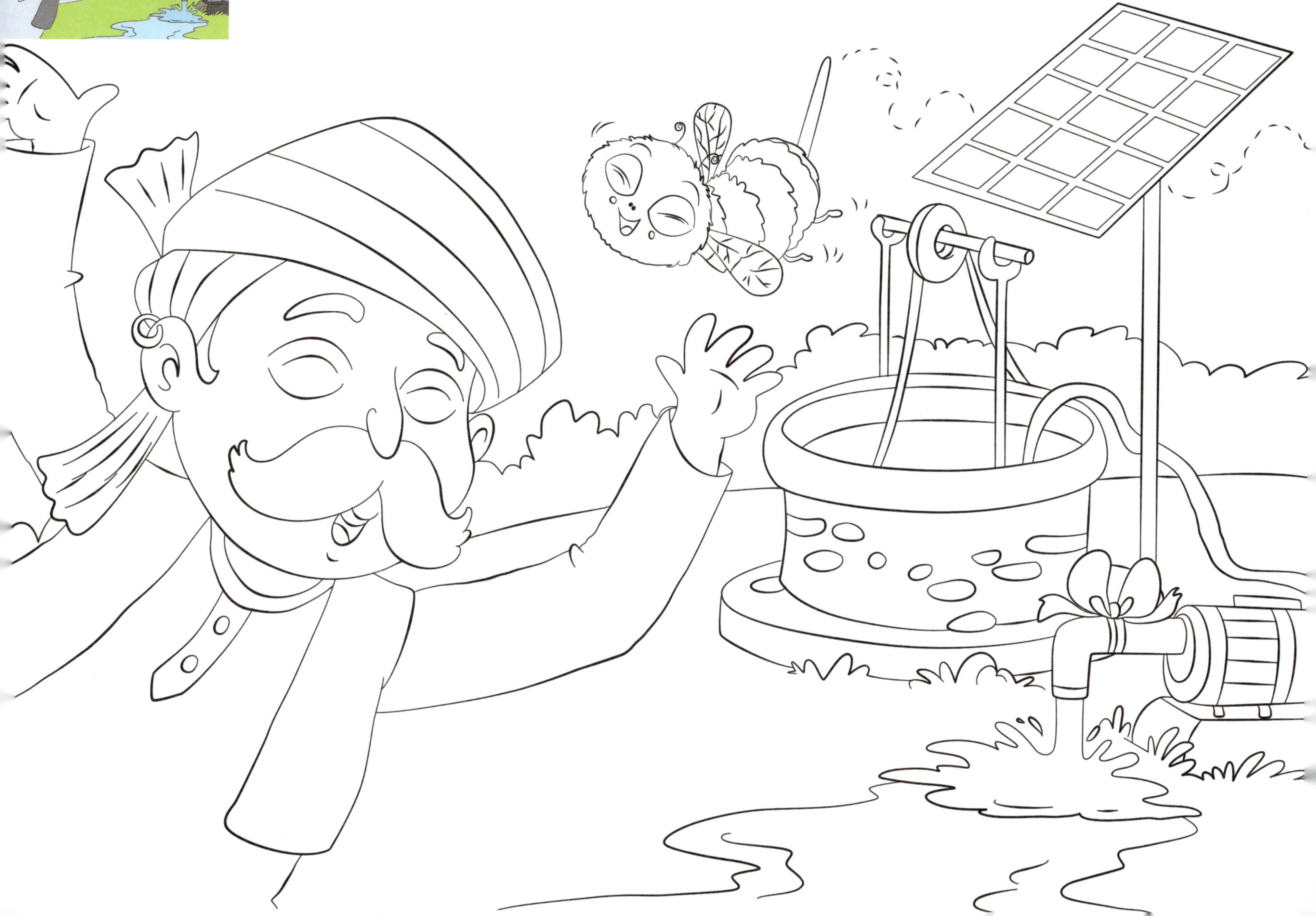

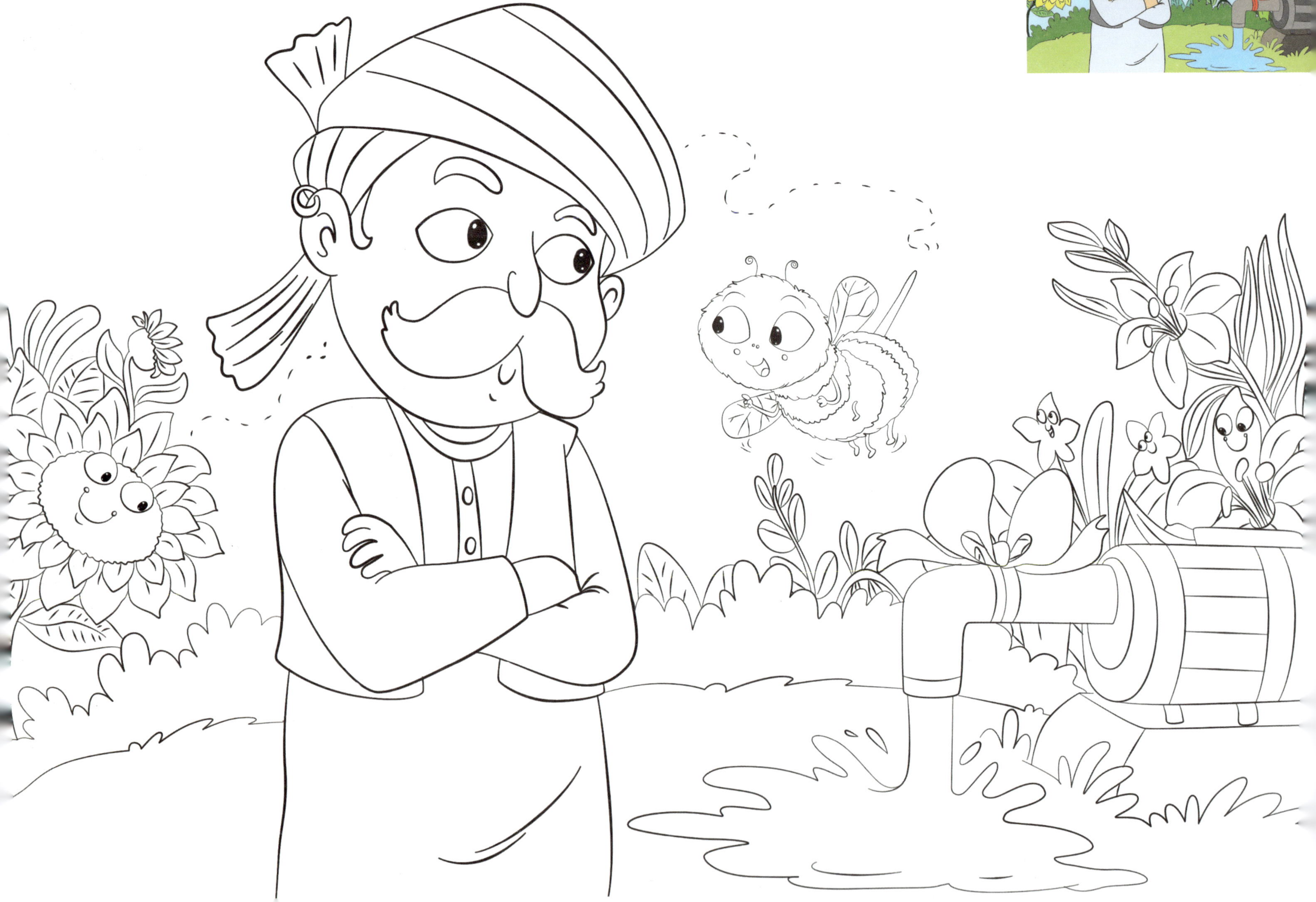
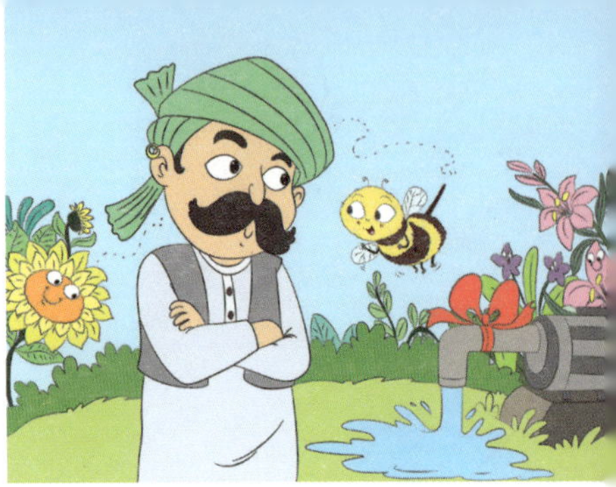

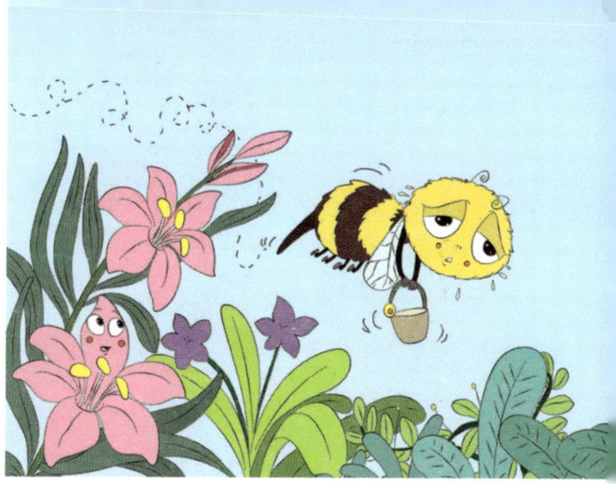

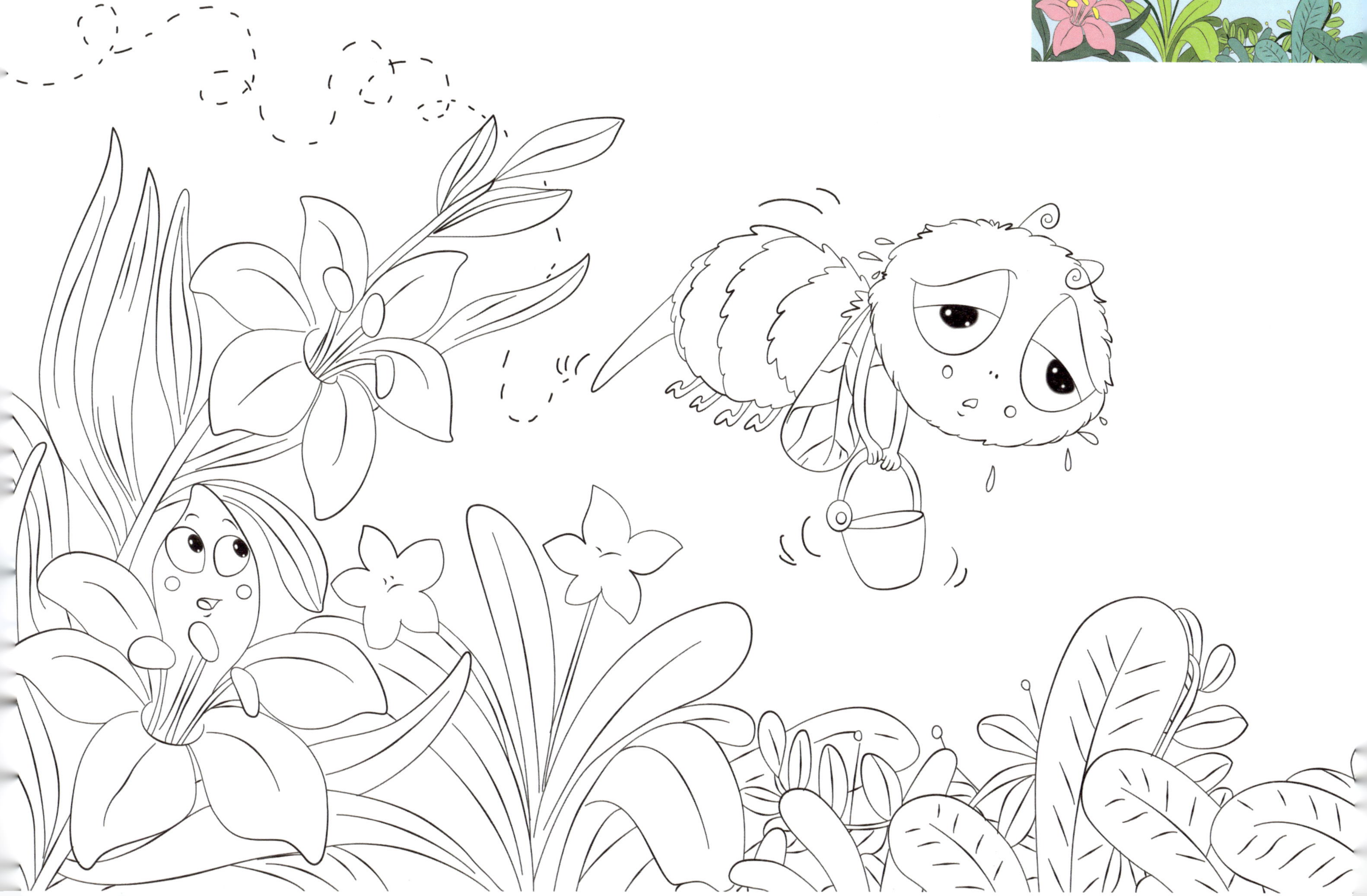

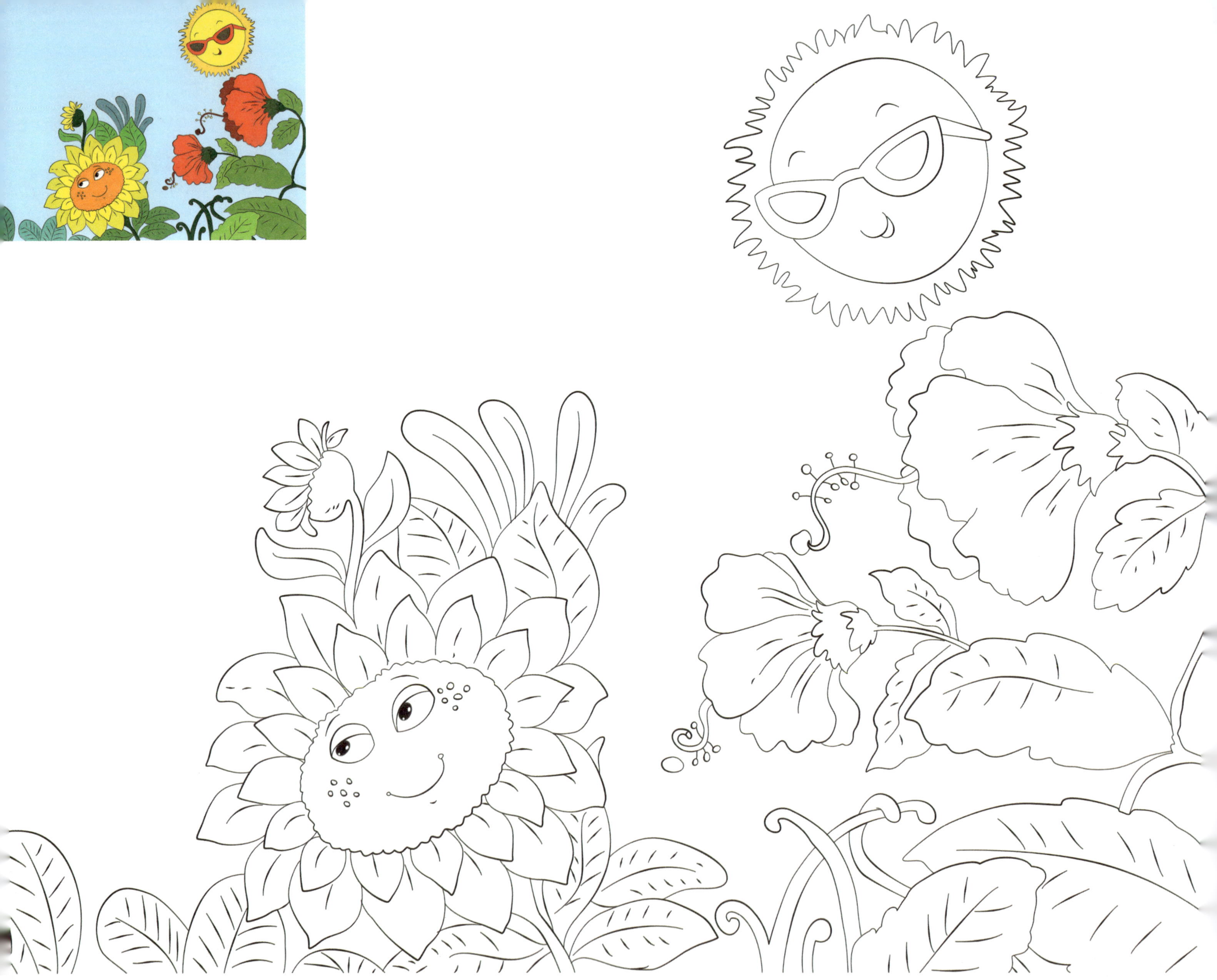

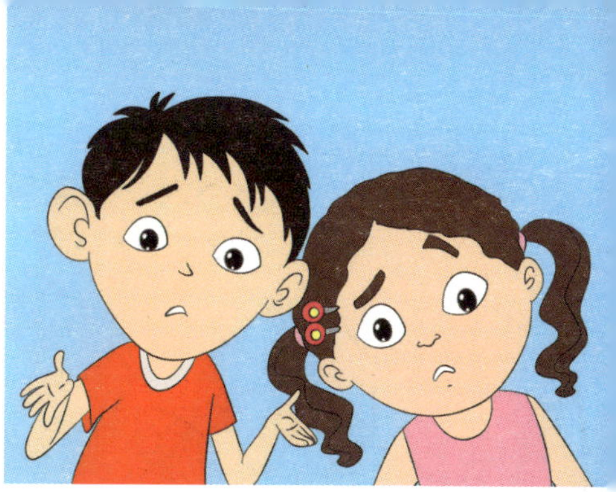

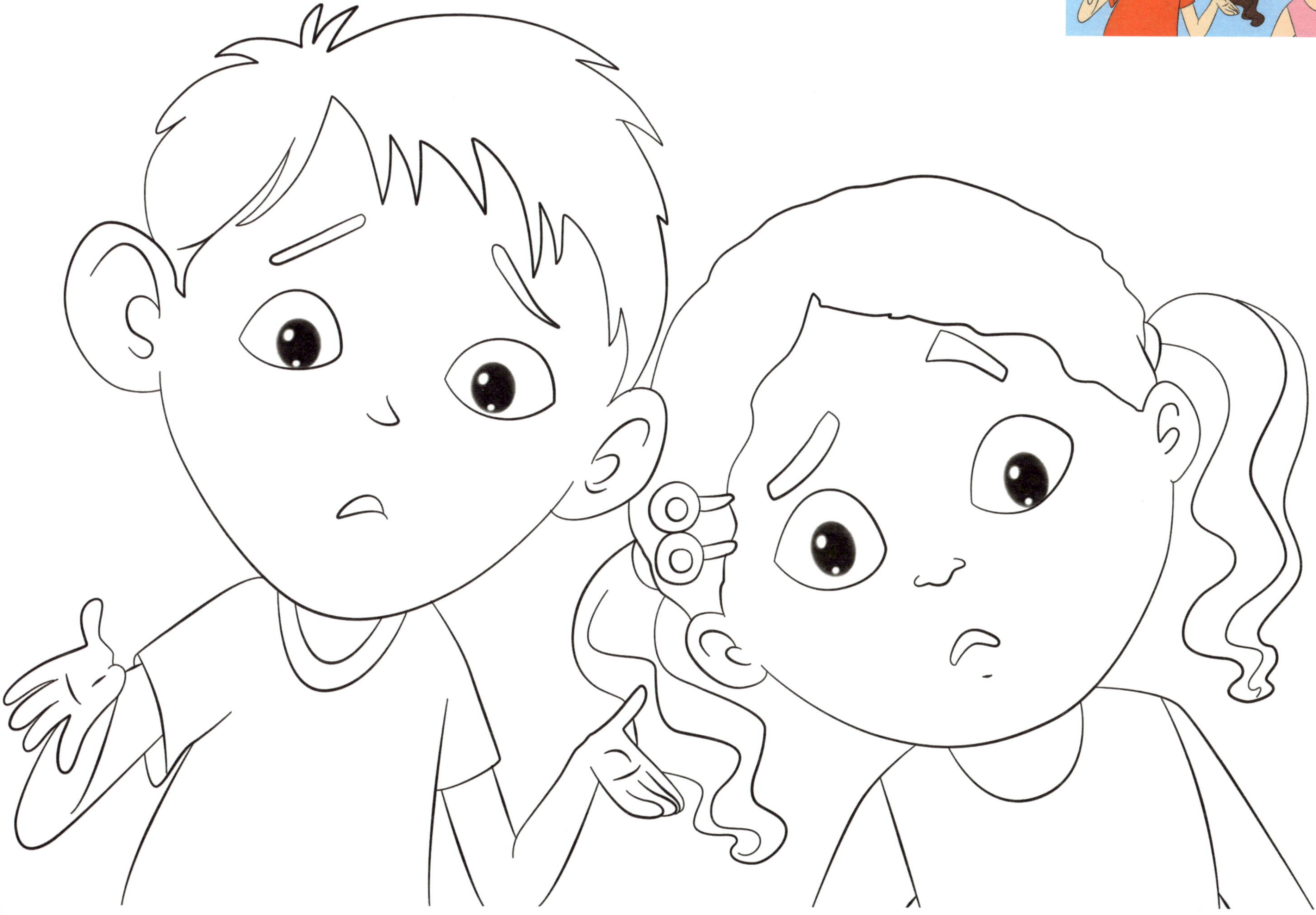

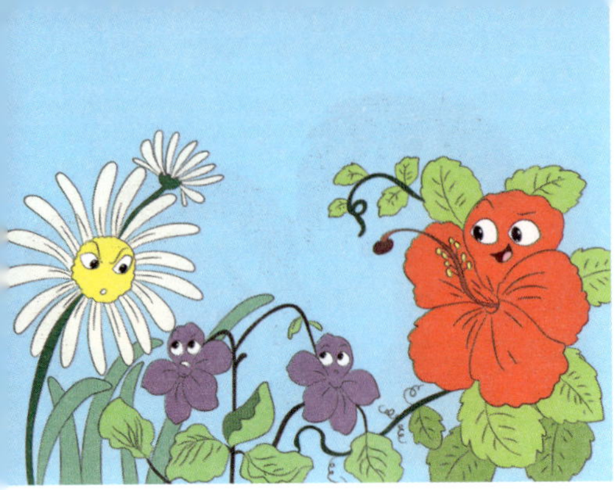

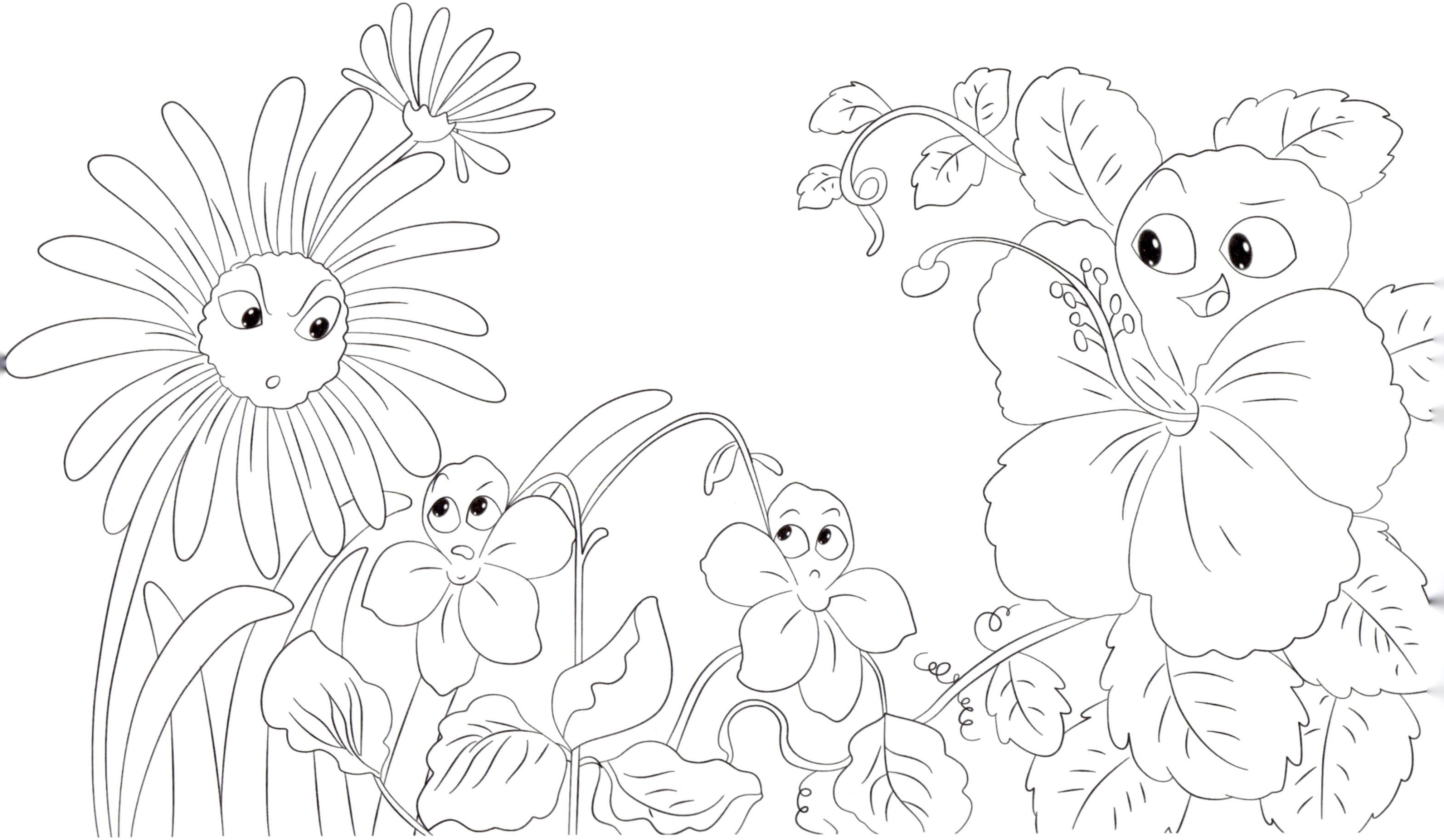

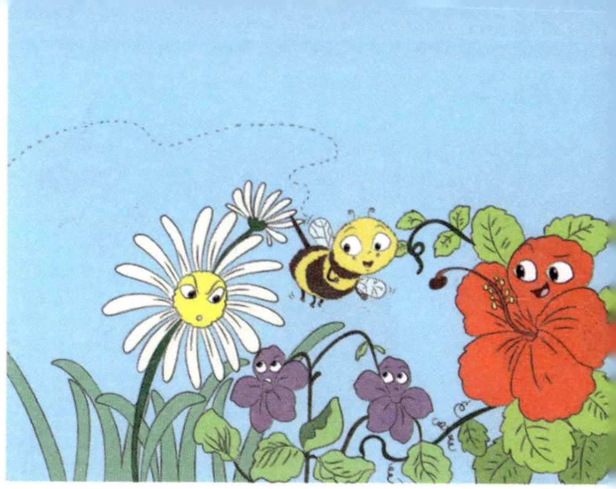

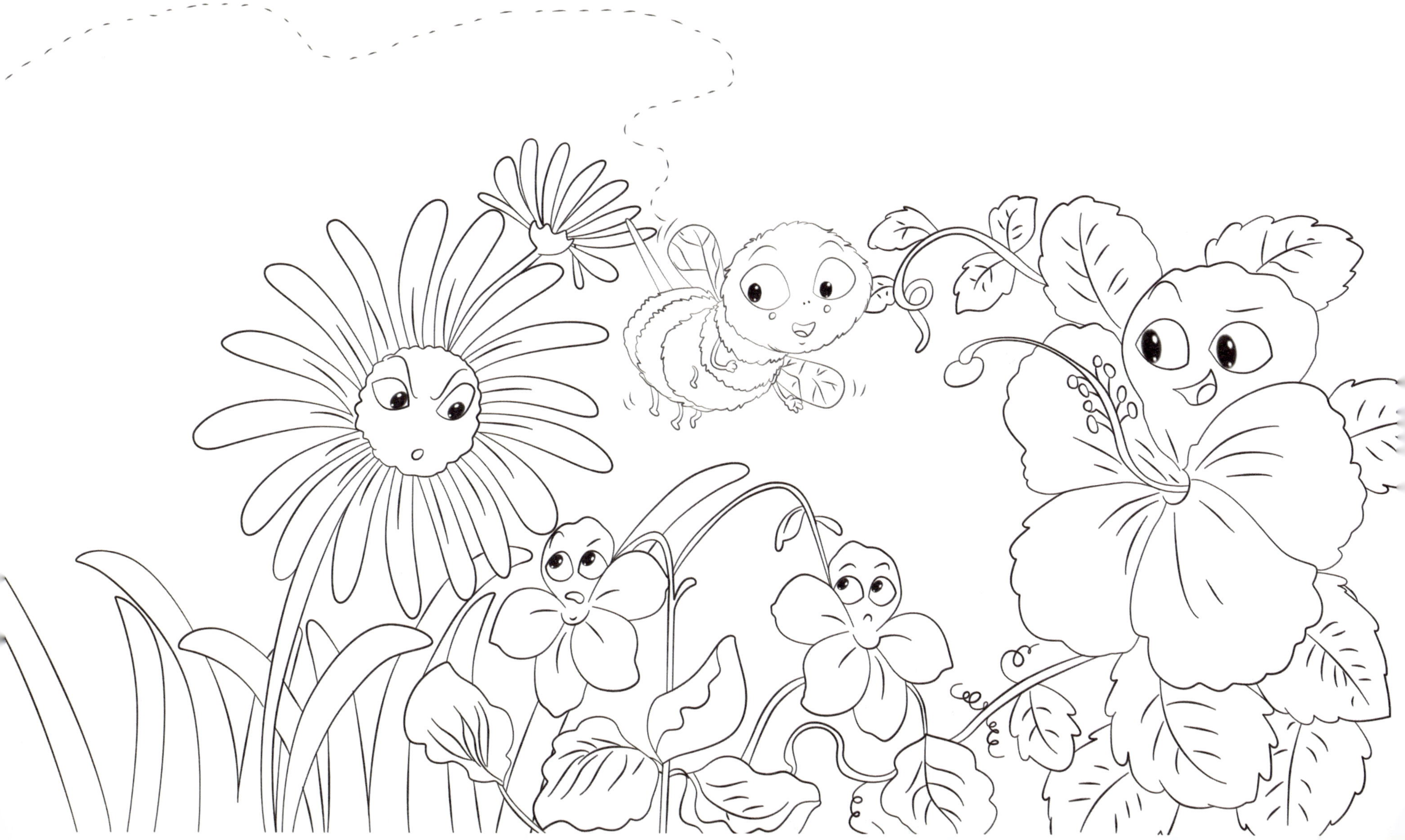

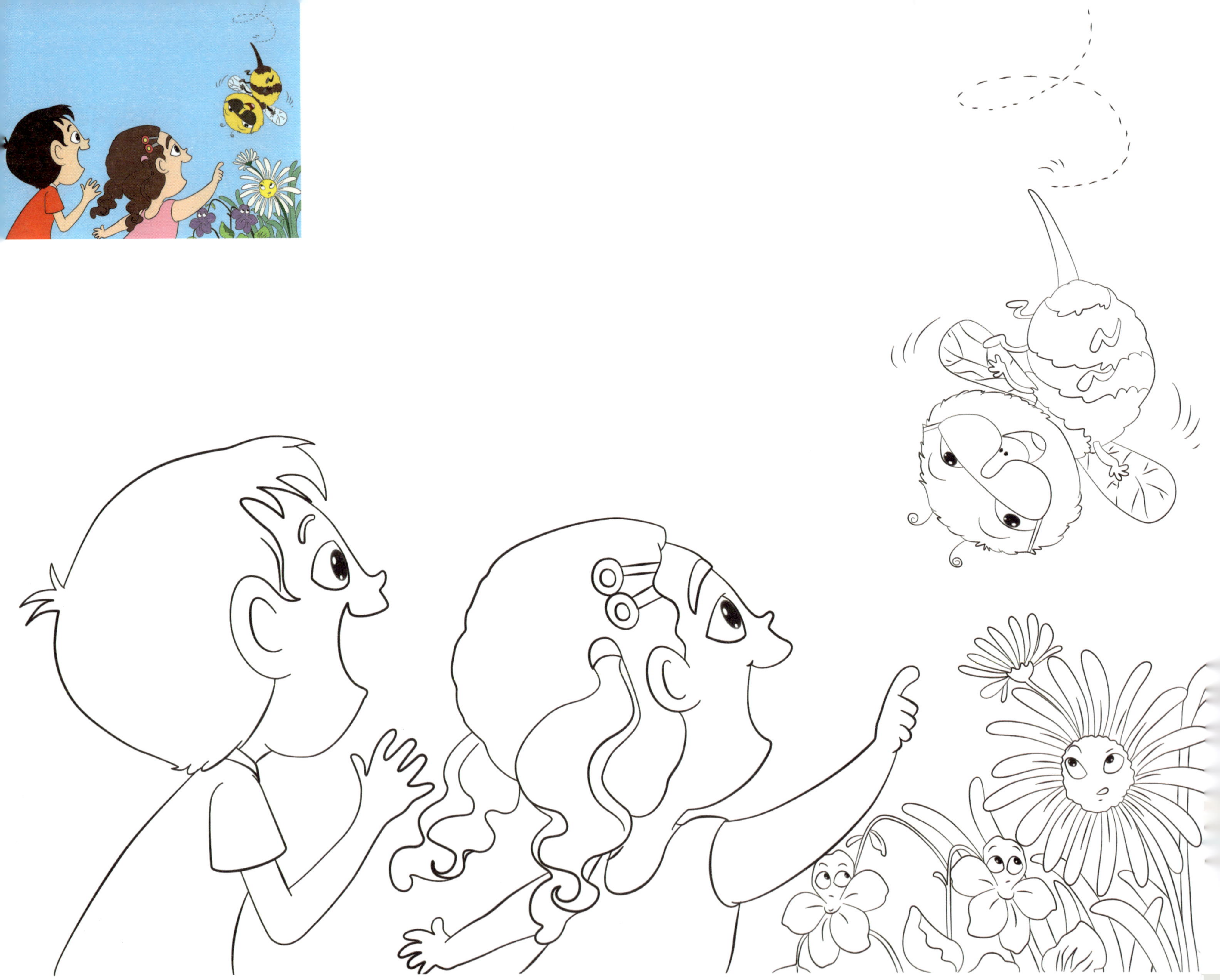

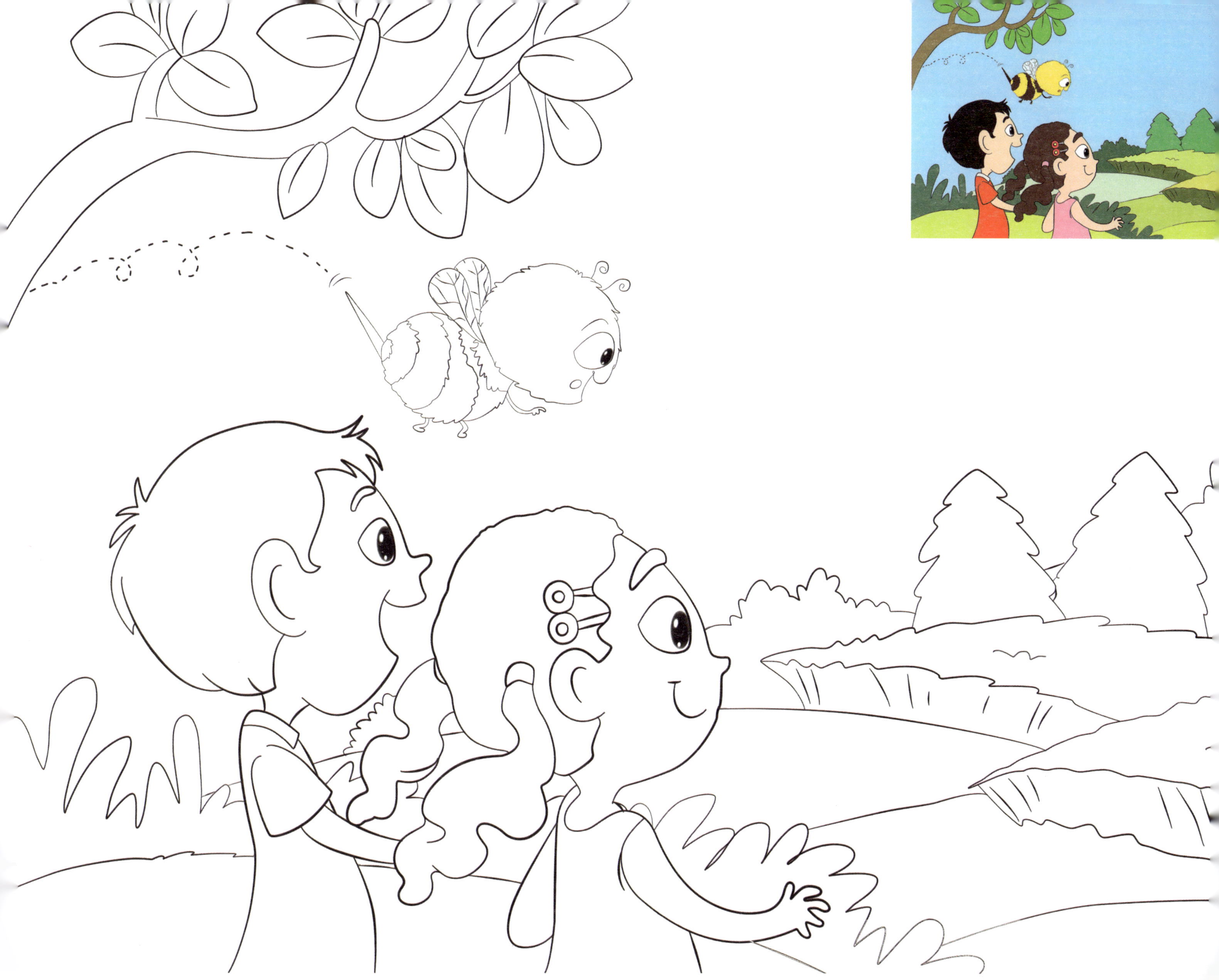

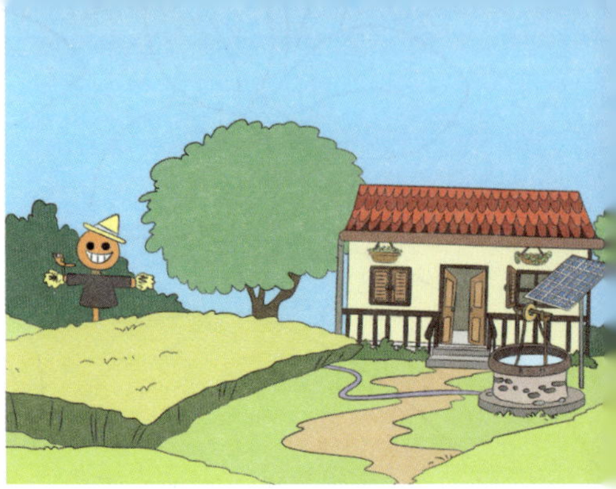

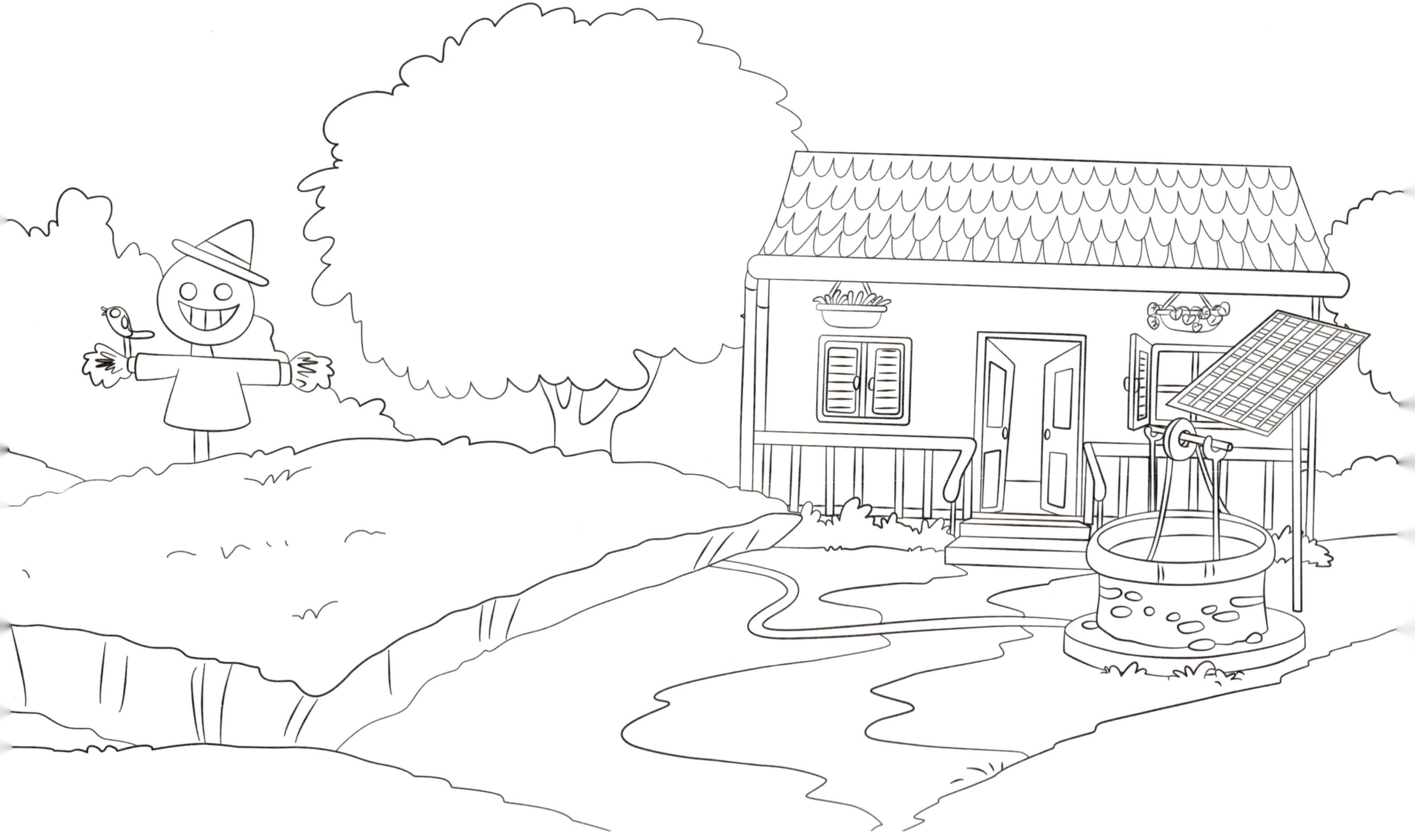

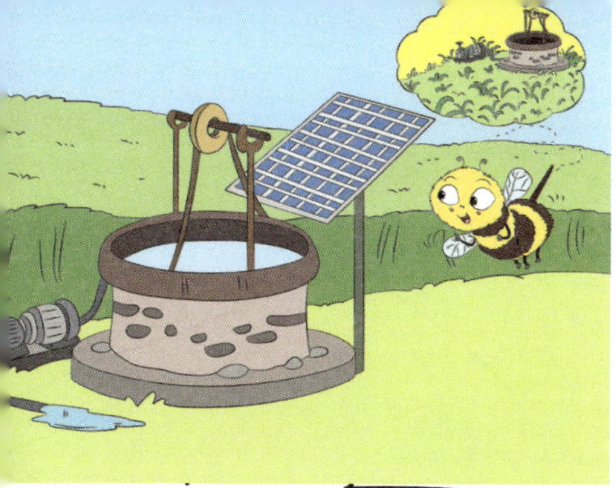

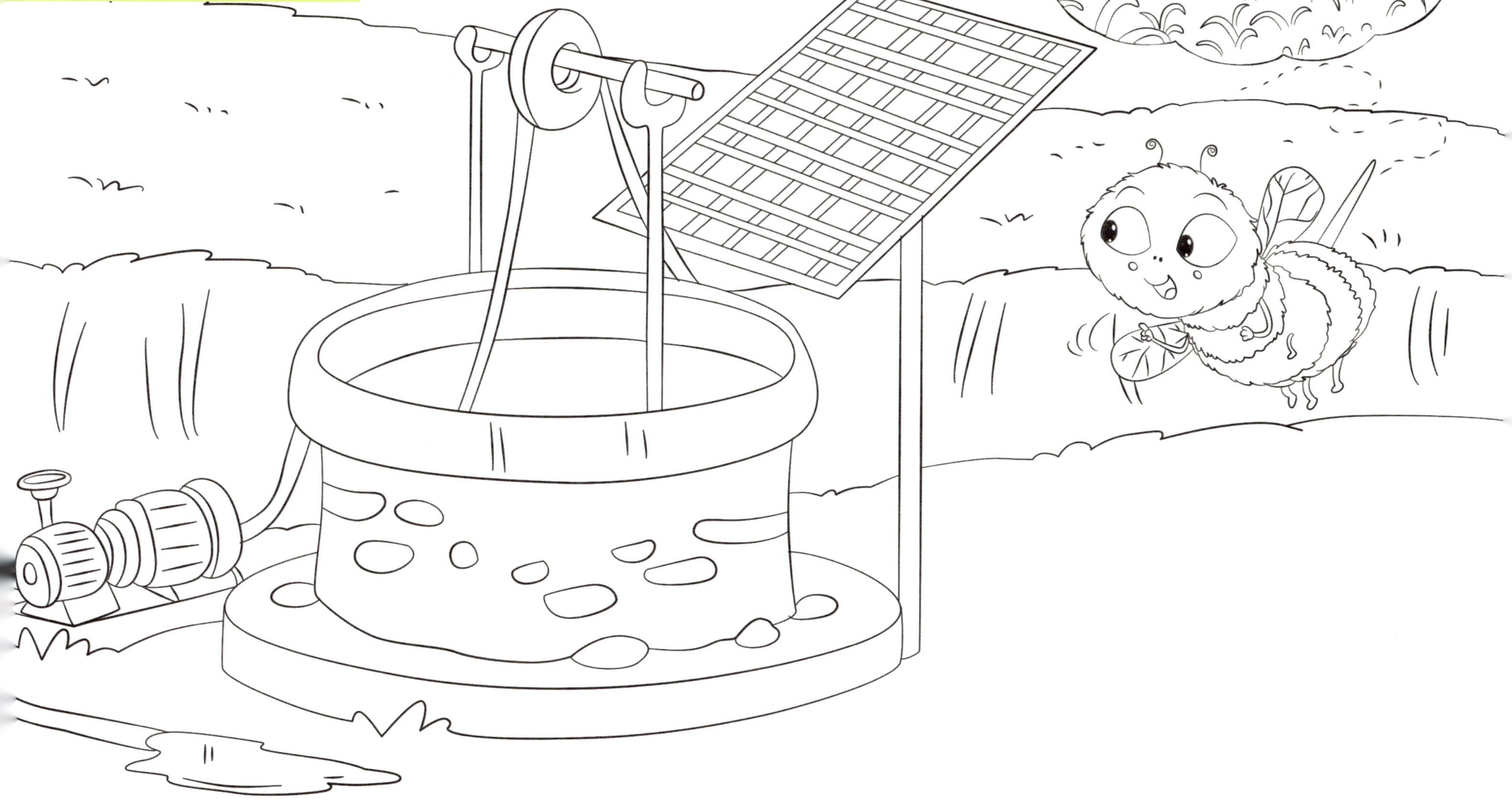

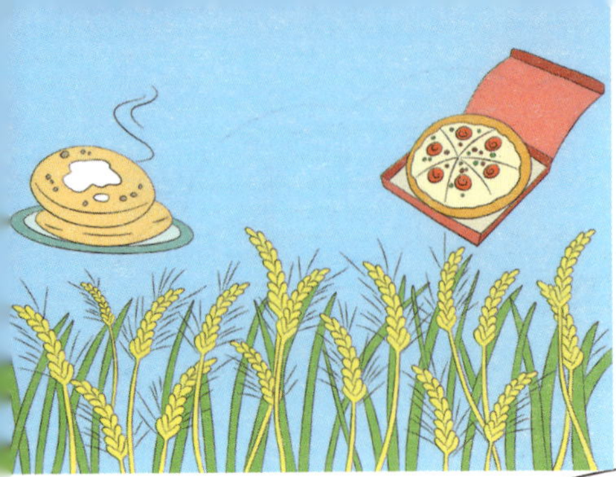

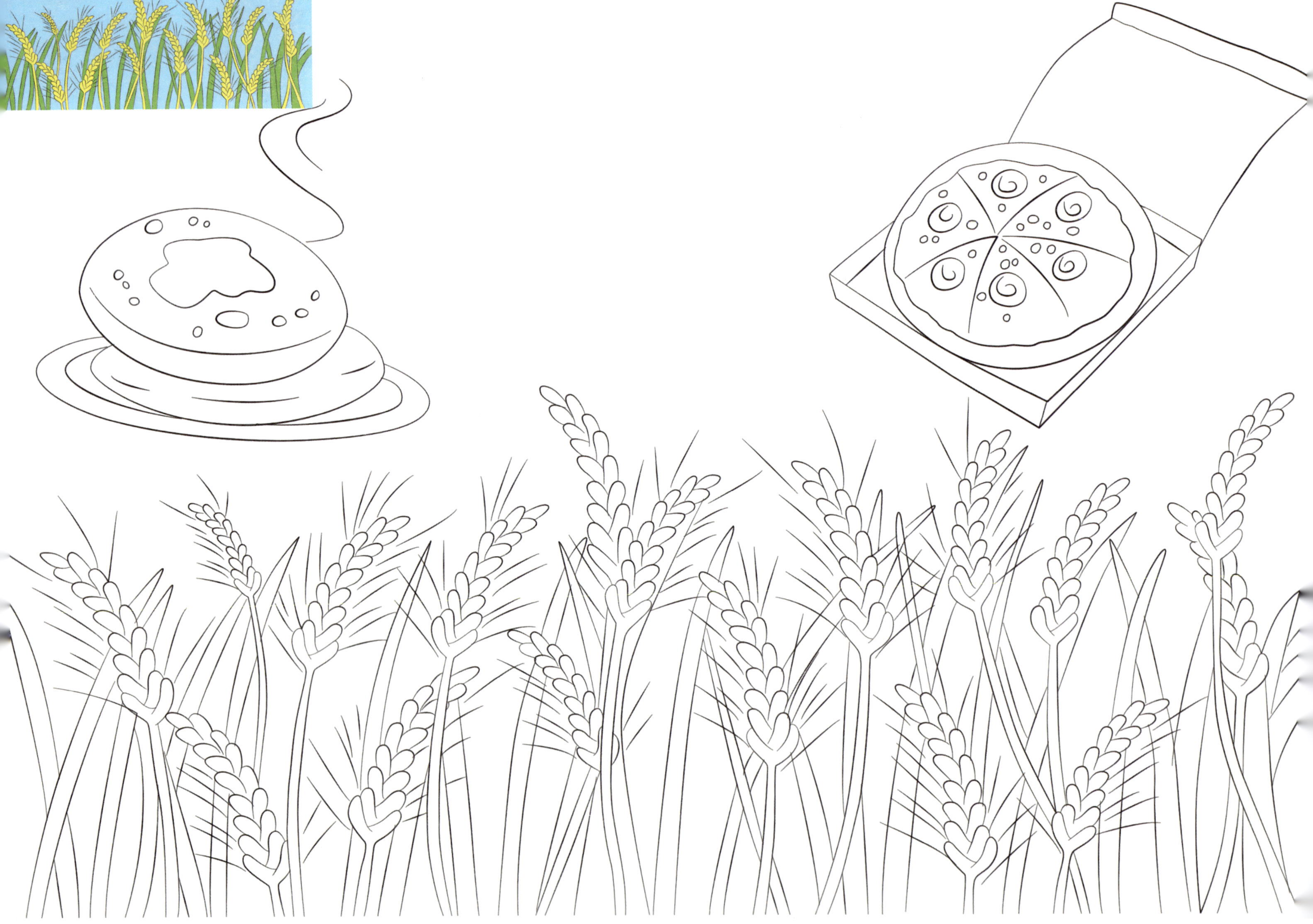

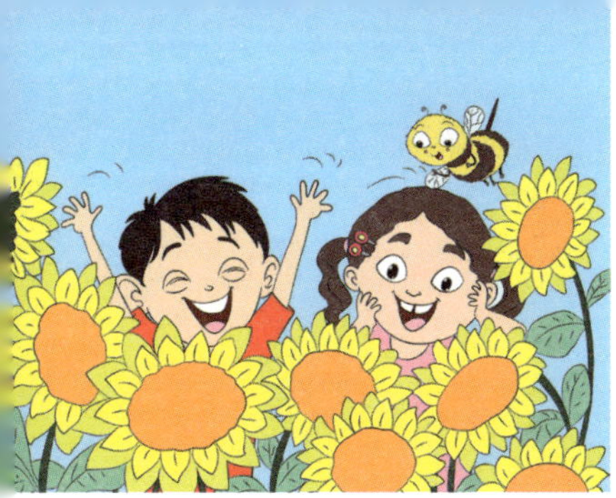

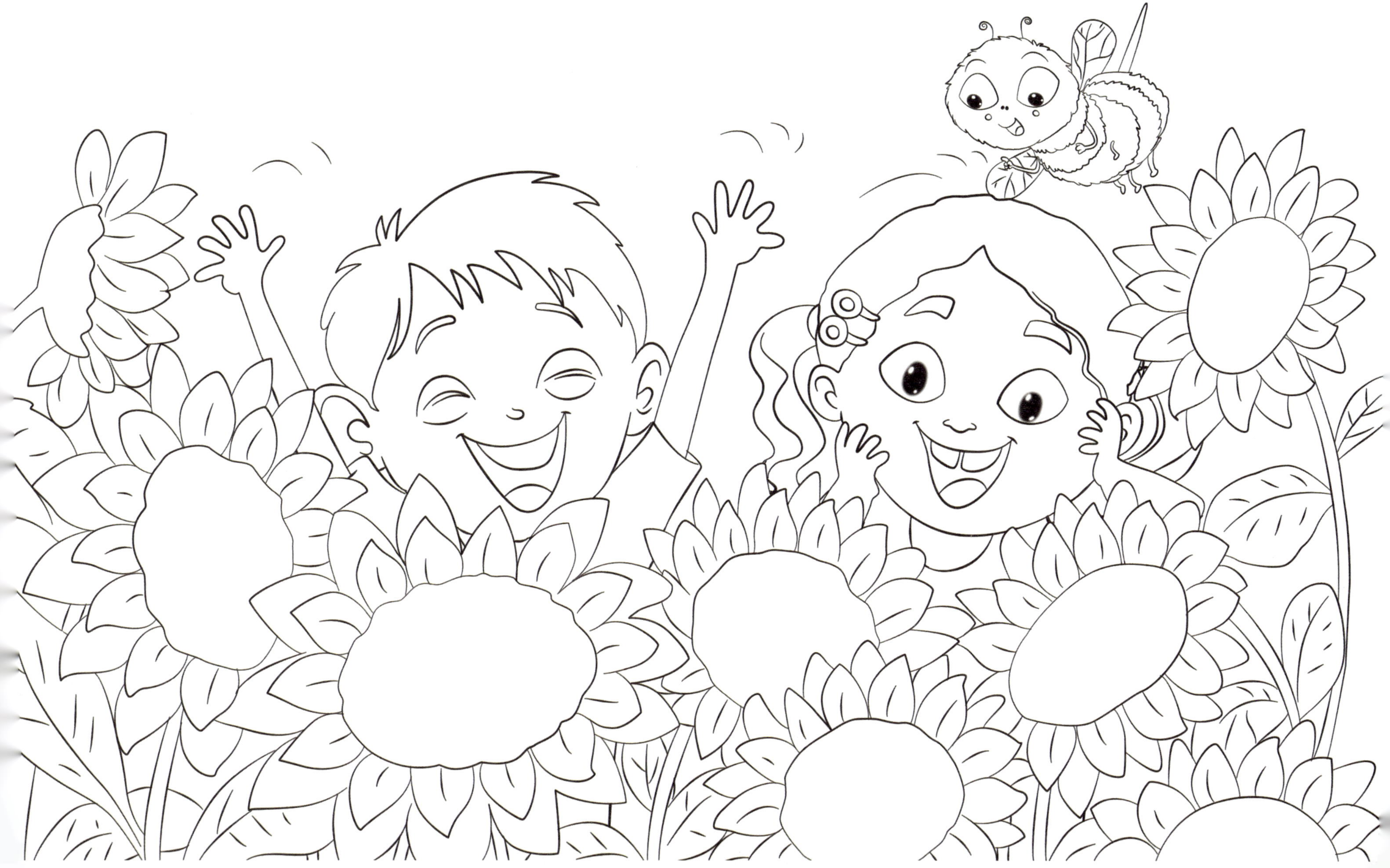

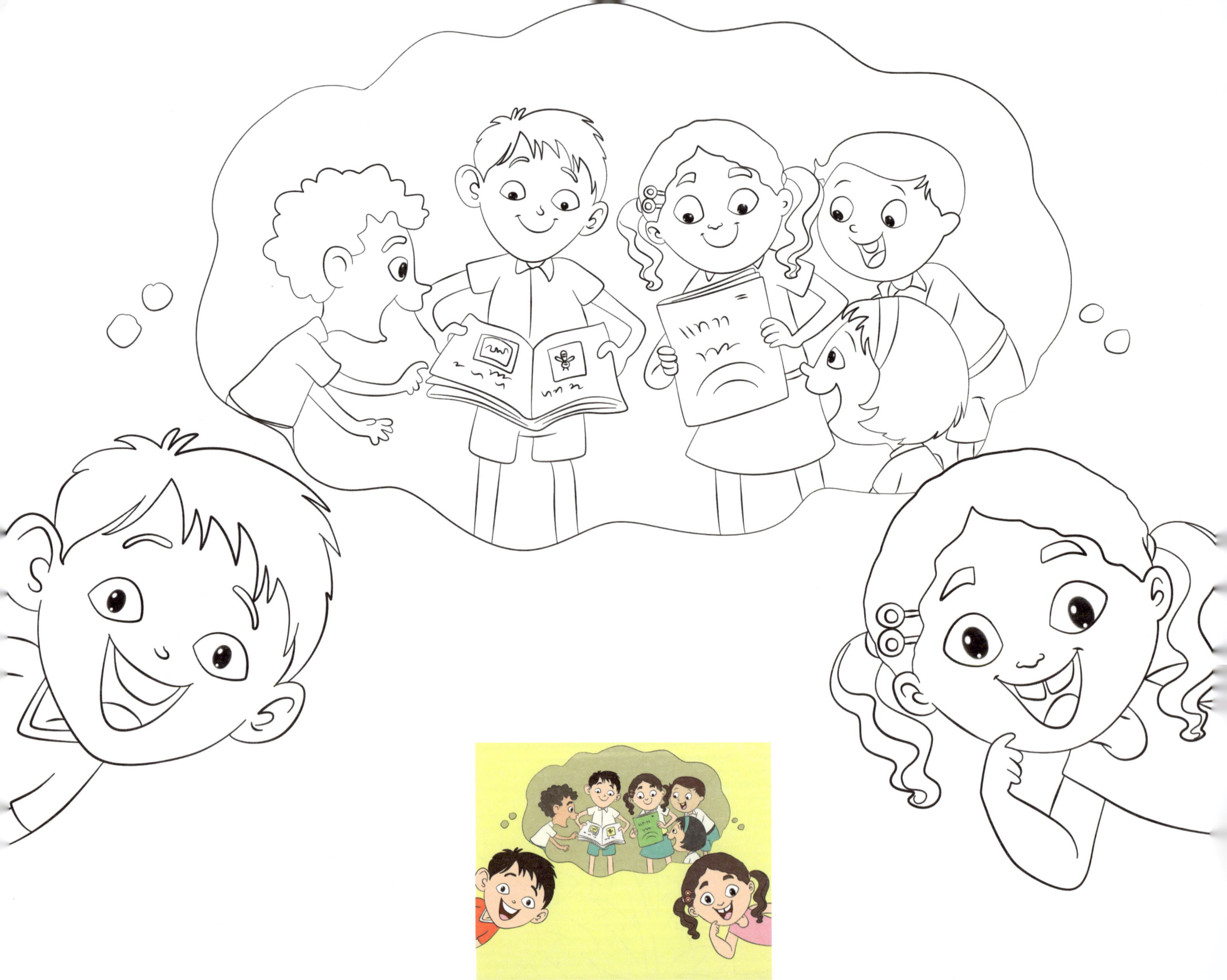

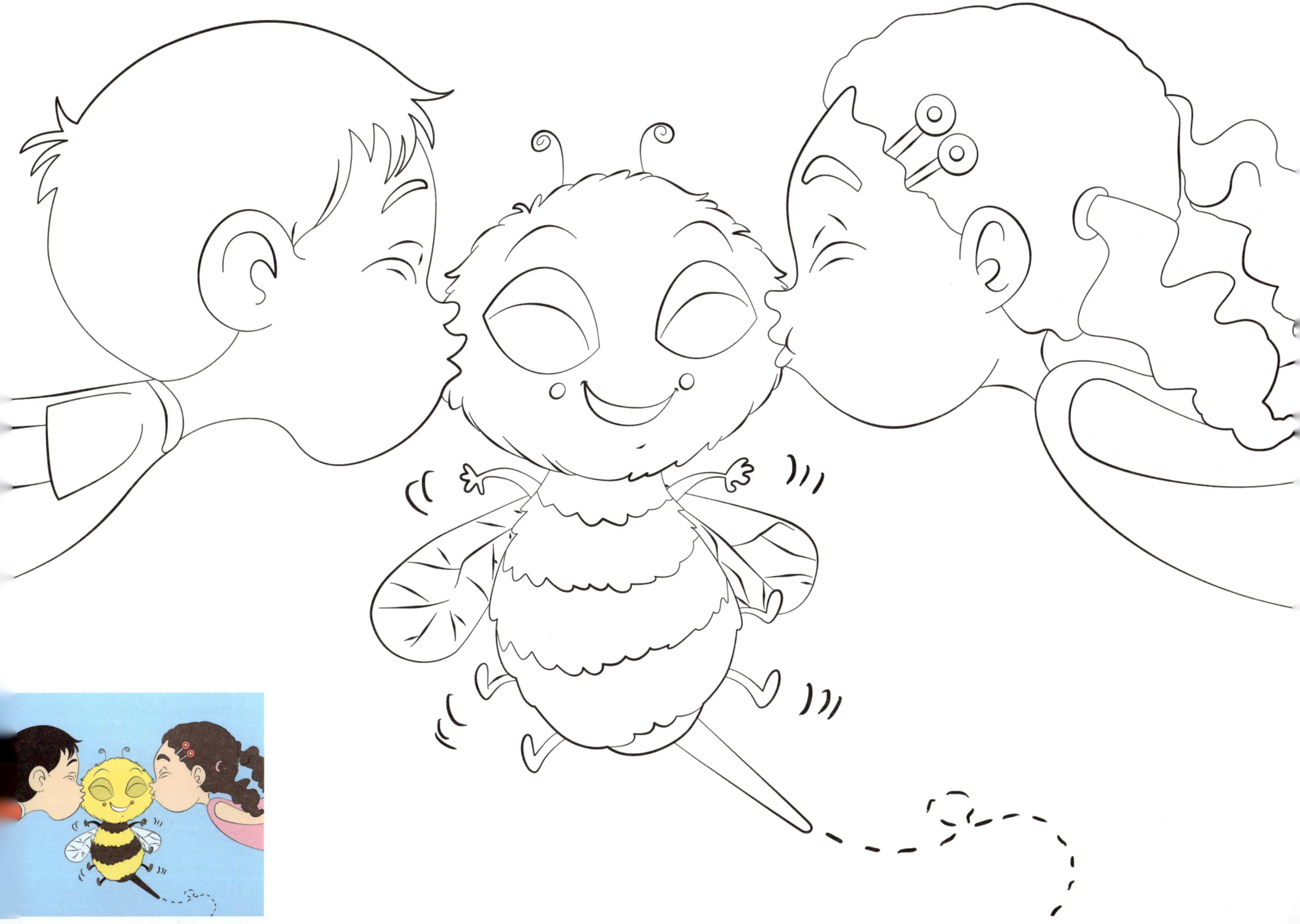

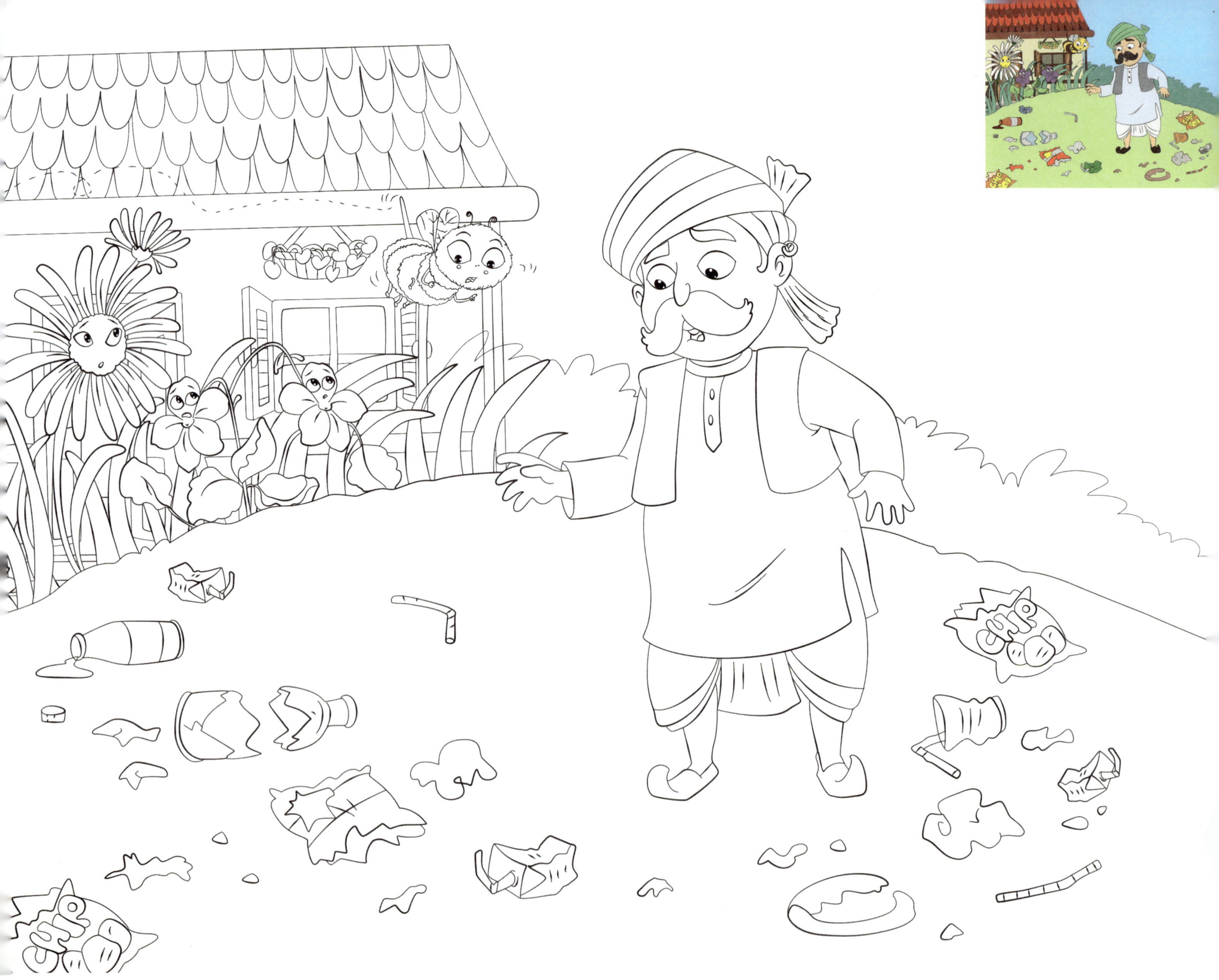
CHIP
CHIP

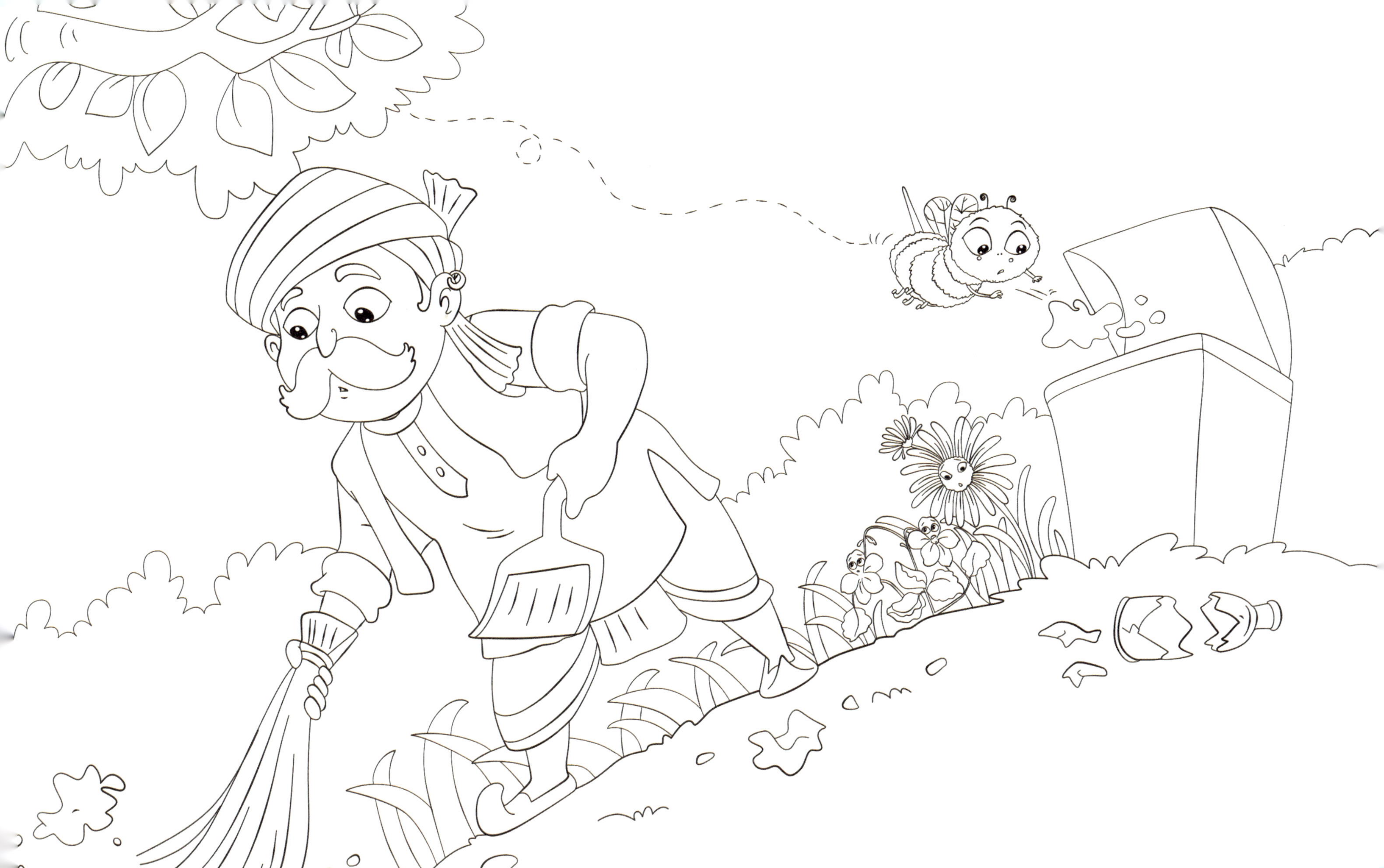

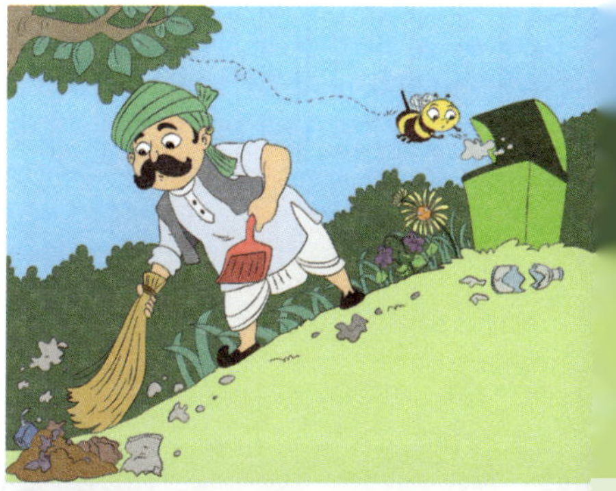

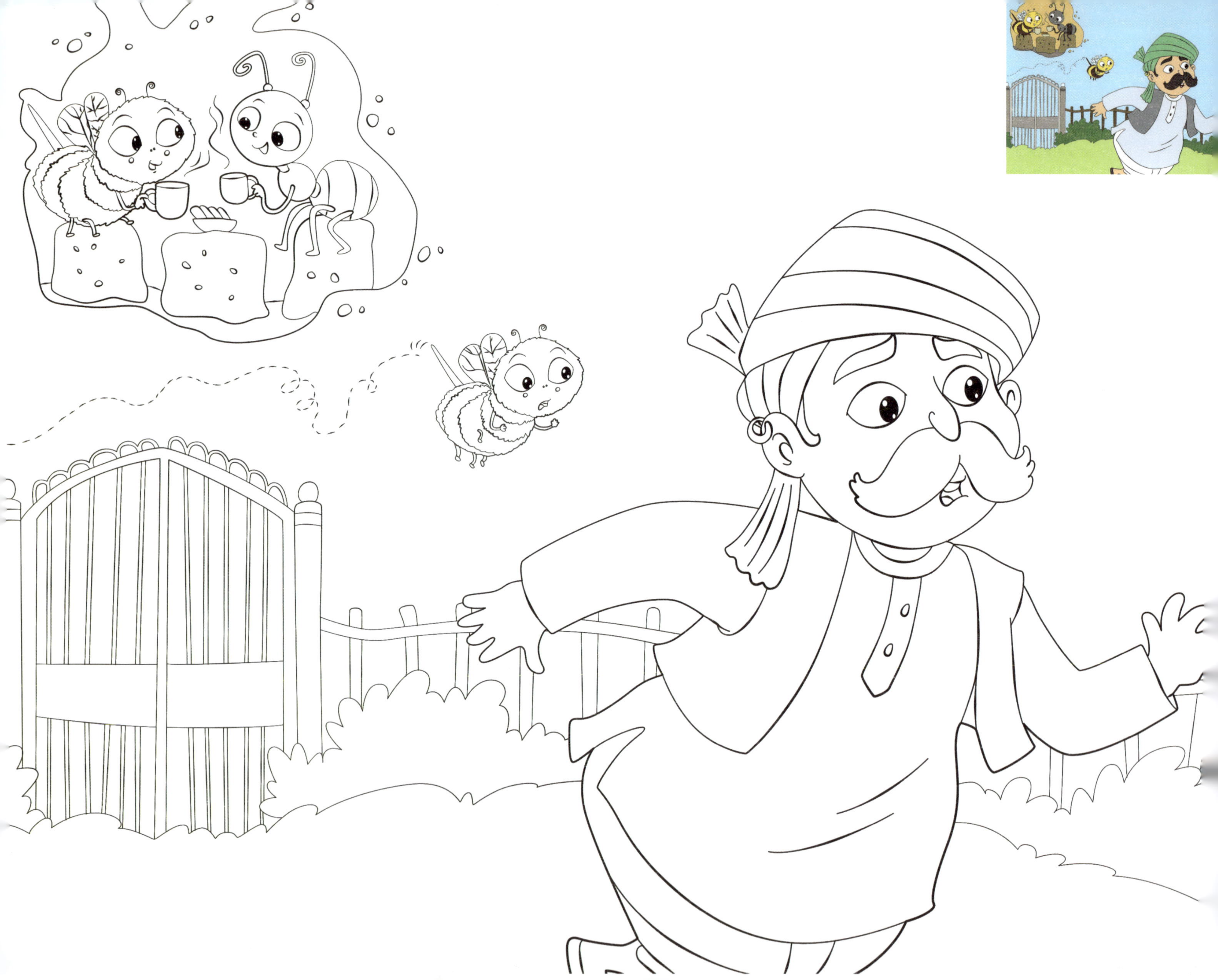

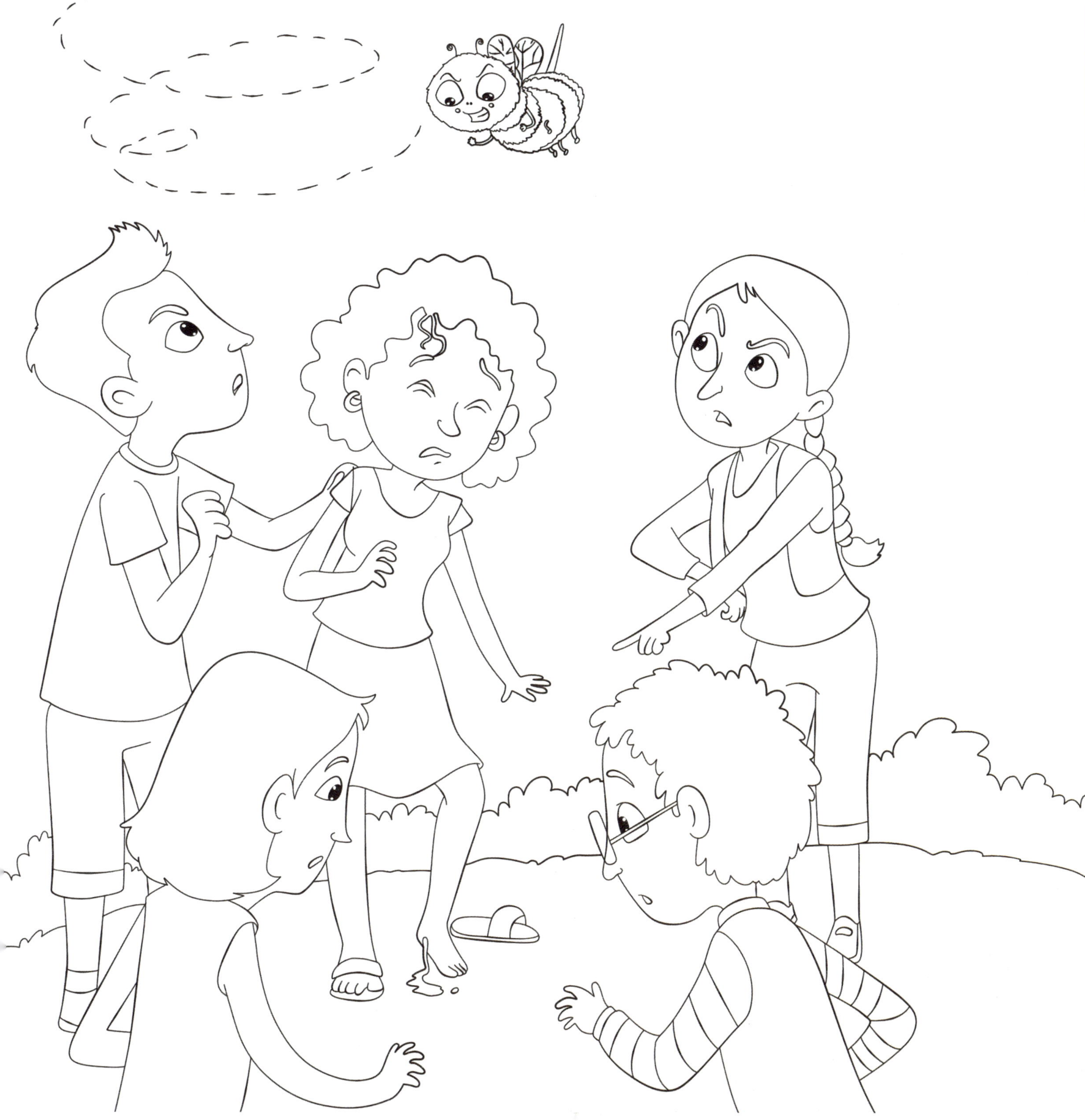

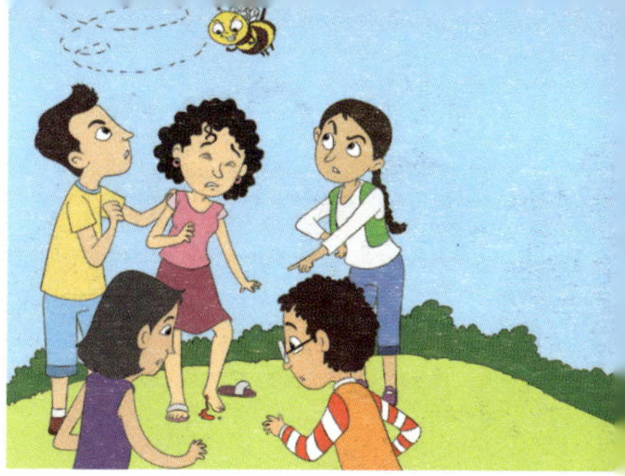

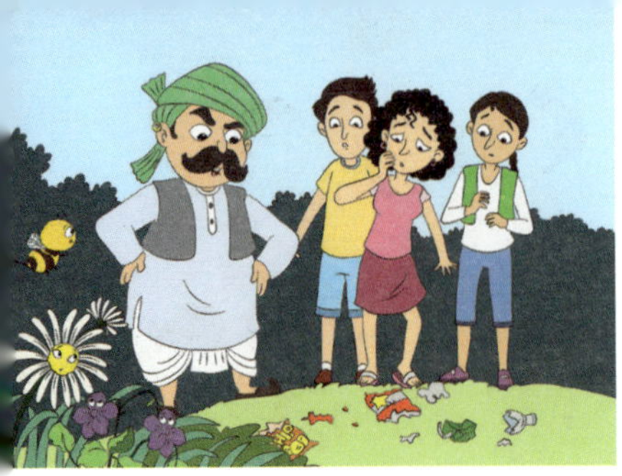

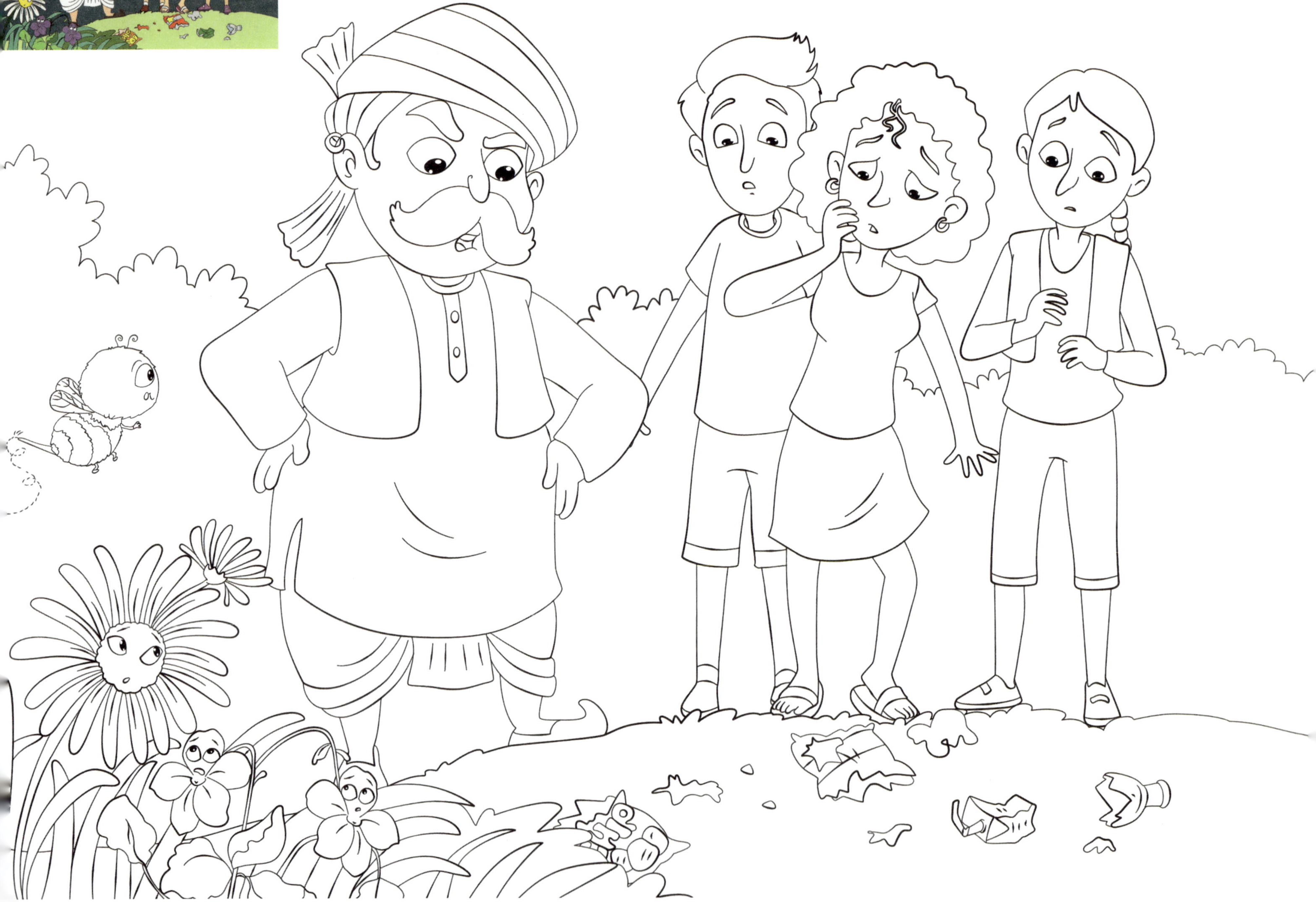

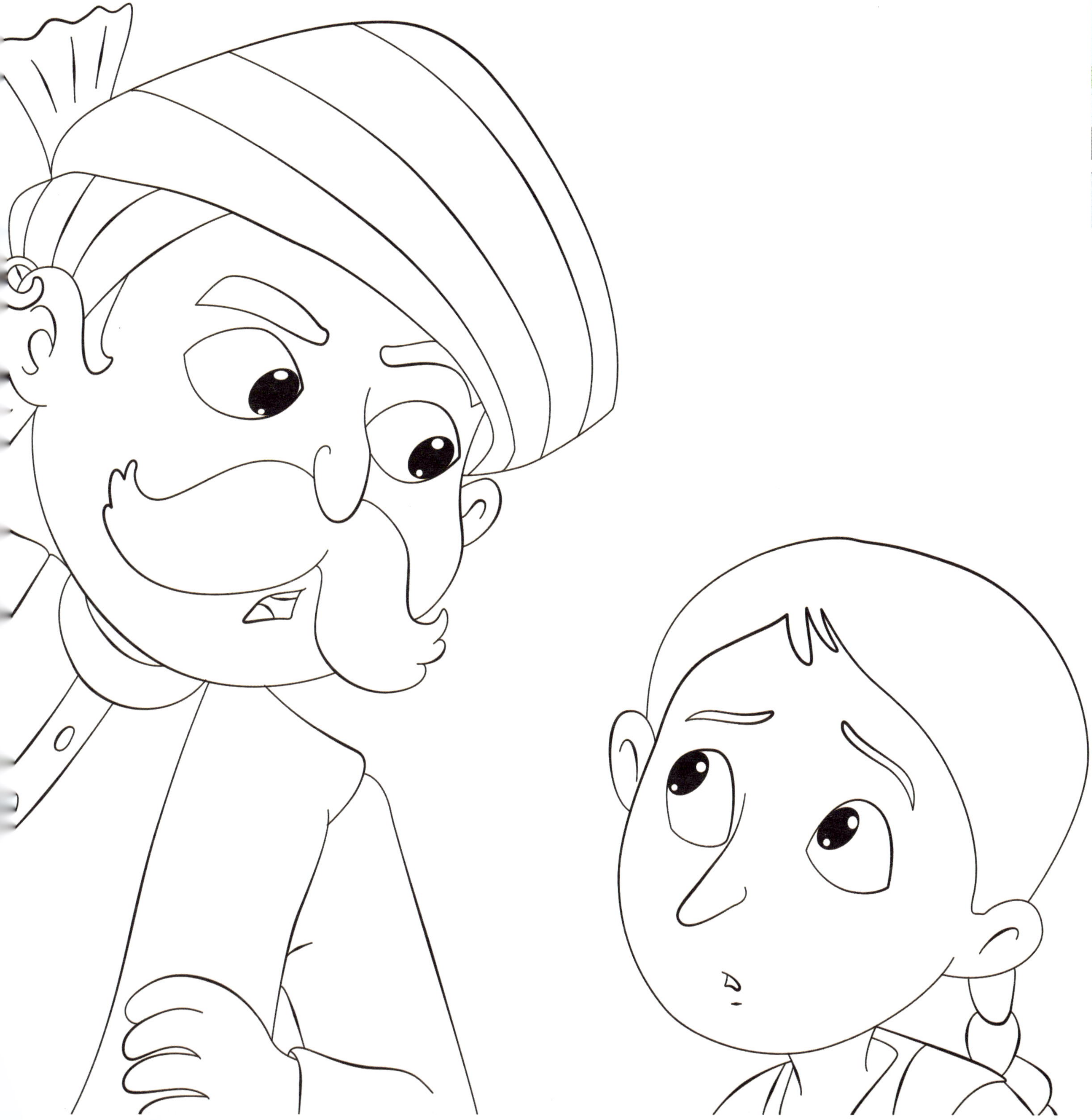
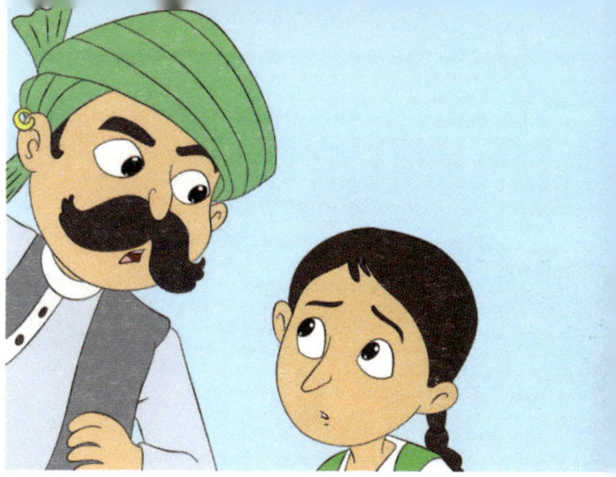

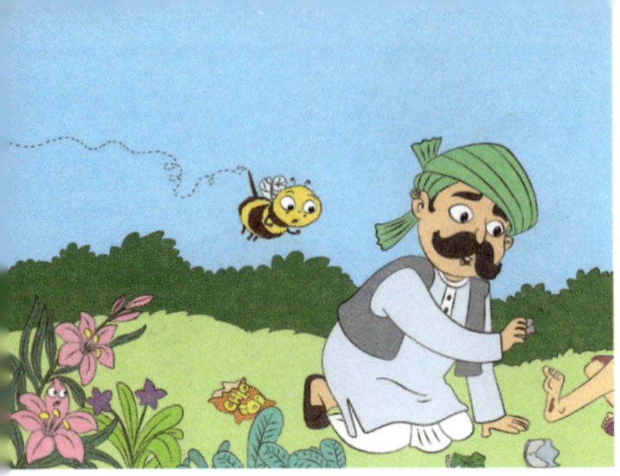

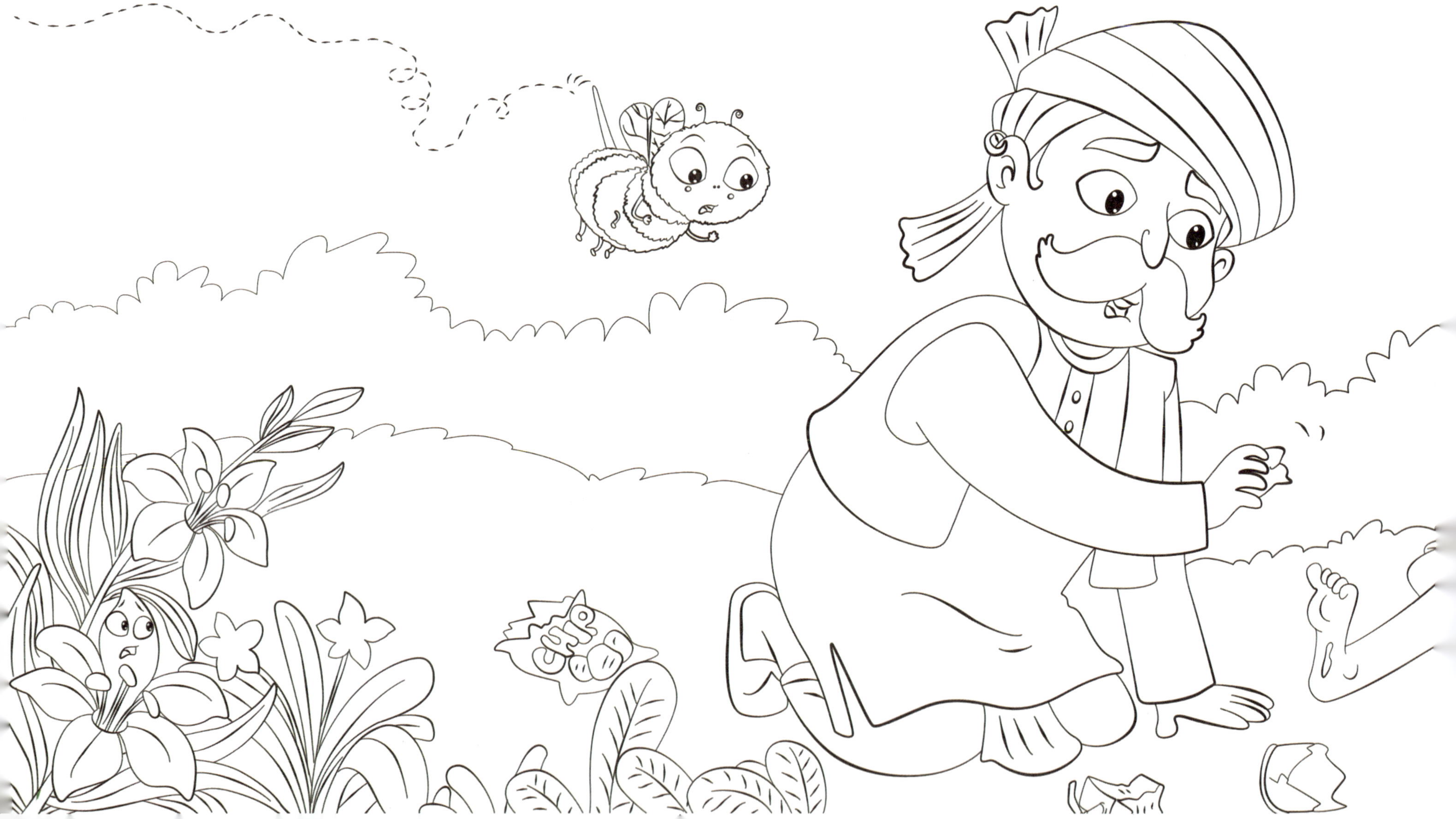

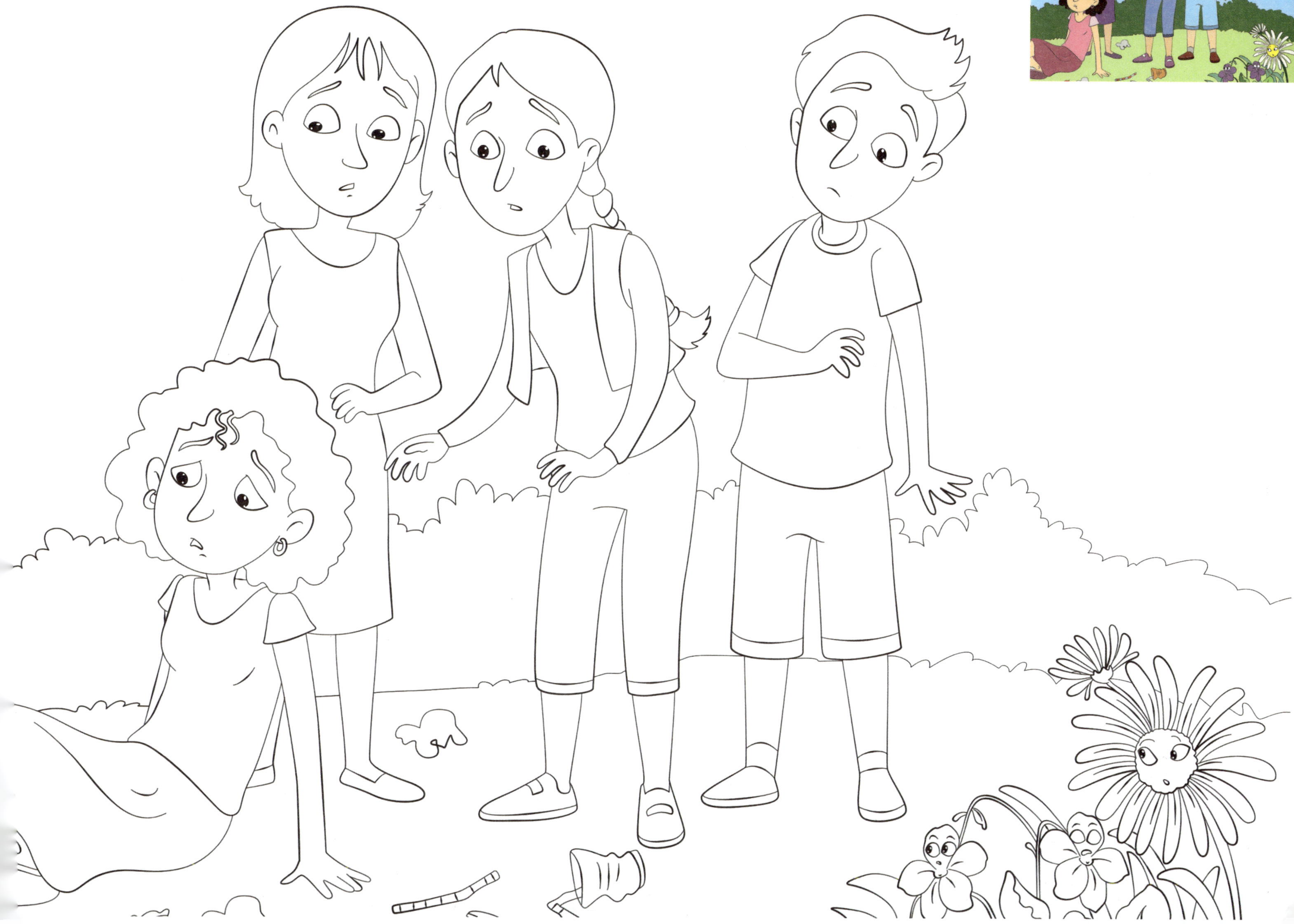

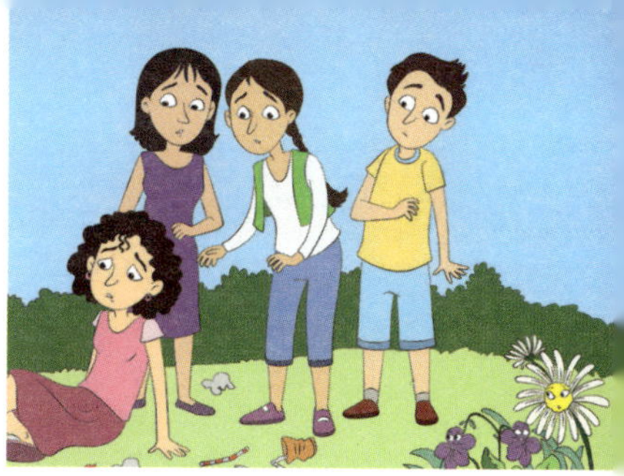

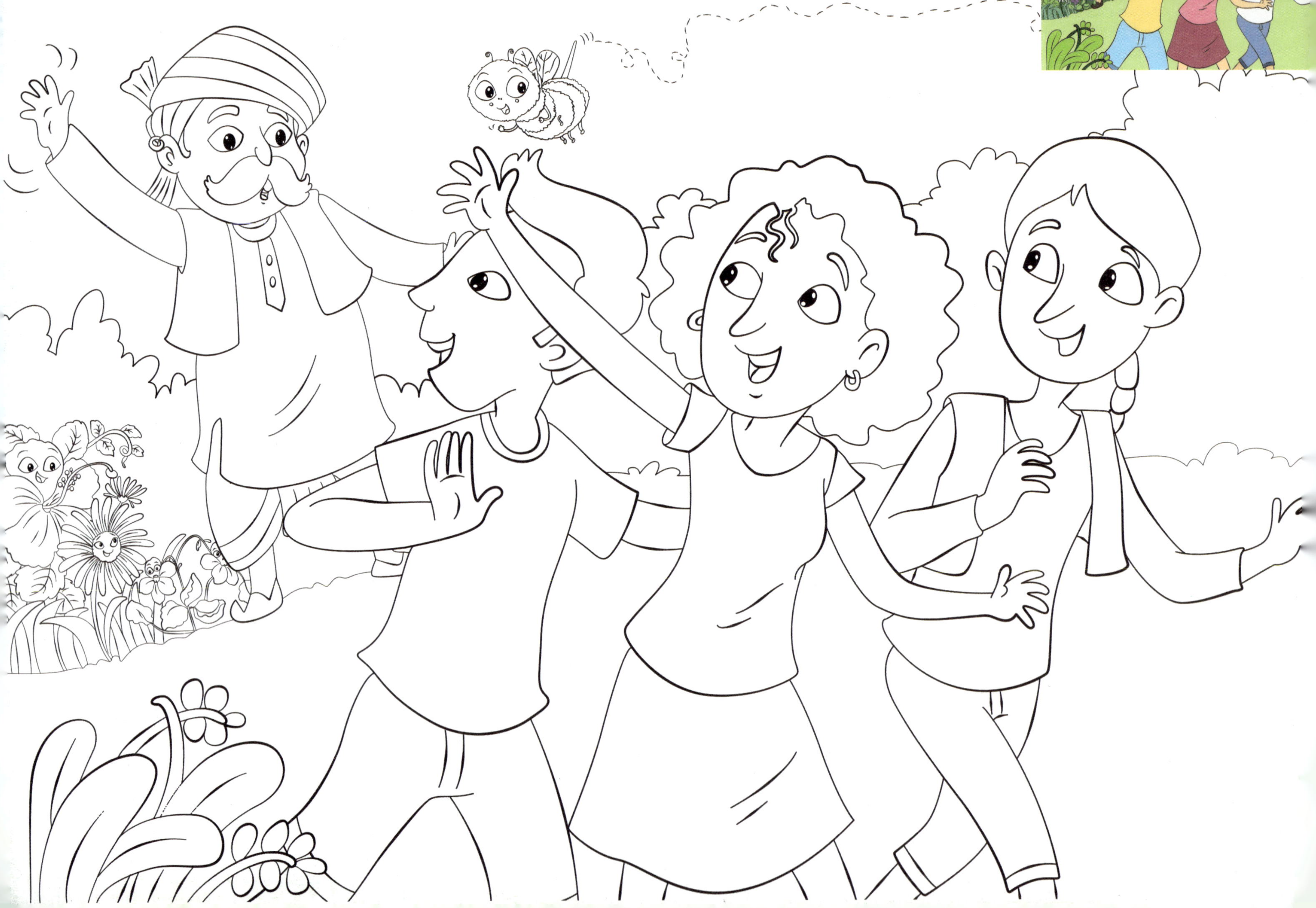

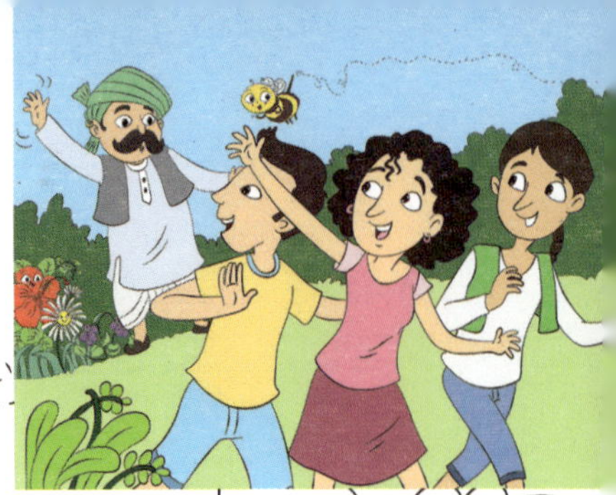